진짜 현지인이 추천하는 뉴욕 여행 속에서 배우는

여행 영어

KB057843

S 시원스쿨닷컴

현지인이 추천하는 뉴욕 여행 속에서 배우는
여행 영어

초판 1쇄 발행 2023년 5월 31일

지은이 양홍걸 이시원
펴낸곳 ㈜에스제이더블유인터내셔널
펴낸이 양홍걸 이시원

홈페이지 www.siwonschool.com
주소 서울시 영등포구 국회대로74길 12 시원스쿨
교재 구입 문의 02)2014-8151
고객센터 02)6409-0878

ISBN 979-11-6150-710-1 13740
Number 1-010909-22222221-06

이 책은 저작권법에 따라 보호받는 저작물이므로 무단복제와 무단전재를 금합
니다. 이 책 내용의 전부 또는 일부를 이용하려면 반드시 저작권자와 ㈜에스제
이더블유인터내셔널의 서면 동의를 받아야 합니다.

머리말

생생한 현지 분위기와 여행 영어 표현을 한 번에!
알고 떠나면 뉴욕 여행이 더 즐거워진다!

누구나 살면서 한 번쯤 가보고 싶다는 로망을 가진 도시, '뉴욕'은 다녀온 사람들의
말을 빌려 표현하자면 도시와 마치 사랑에 빠진 느낌이 들 정도로 가슴이 뛰는
여행지라고 합니다. 이 책은 해외 여행, 그 중에서도 뉴욕 여행을 꿈 꾸는 분을
위해 미리 알고 가면 좋을 알짜배기 정보와 여행 영어 표현까지 한 권에 알차게
담았습니다.

여행 책에는 없는 생생한 현지 분위기 미리보기!

큰 맘 먹고 가는 뉴욕 여행인데 일정을 알차게 짜야 할 지 고민인 계획형 J도,
무계획이 계획이지만 뉴욕의 모든 것을 즐기고 싶은 P도 손품팔지 않고 한 권만 봐도
뉴욕을 200% 즐길 수 있도록 여행 정보와 추천 코스부터 맛집, 관광지, 쇼핑까지!
뉴욕에서 꼭 가봐야 하는 곳을 엄선해 현지 브이로그 영상과 함께 제공합니다.

뉴욕을 즐기는 사이 저절로 여행 영어가 저절로 된다!

먼저 무료로 제공하는 뉴욕 여행 브이로그를 보면서 뉴욕 곳곳을 즐기고, 여행 영어
표현과 뉴요커와의 대화를 들어 보세요. 그 다음 각 장소에서 쓸 수 있는 핵심 표현을
책을 보며 연습하면 현지에서도 자신있게 말할 수 있습니다.

여러분의 뉴욕 여행이 더 풍성하고 즐거운 추억으로 남기를 바랍니다.

이 책의 활용법

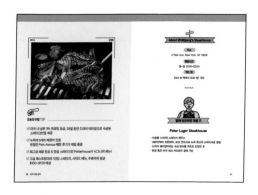

❶ 뉴욕 여행 미리보기

뉴욕에서 꼭 가봐야 할 곳을 맛집, 여행지, 쇼핑 주제별로 엄선했습니다. 책에 소개된 여행팁과 추천 장소 등 알짜배기 정보를 먼저 확인하고, 생생한 뉴욕 여행 브이로그 영상을 보면서 현지 분위기를 느껴 보세요.

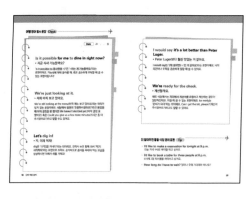

❷ 여행 회화 익히기

뉴욕 여행 브이로그 속에서 핵심 표현을 뽑았습니다. 초보자라면 한두 마디 외워서 여행지에서 사용해 보는 것을 목표로 하고, 영어가 어느 정도 익숙하다면 추가 표현까지 마스터 하는 것을 목표로 연습해 보세요.

뉴욕 여행 브이로그 보기

각 유닛의 시작 페이지에 있는 QR코드를 스캔하면 영상을 확인하실 수 있습니다.

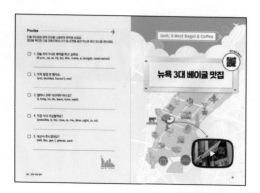

❸ 배운 표현 복습하기

하루 10분 학습이 끝나고 바로
문제를 풀어 배운 내용을 점검하세요.
틈틈이 뉴욕 여행 브이로그를 보면서
내가 해외 여행지에서 사용할 표현을
말해보는 것도 좋습니다.

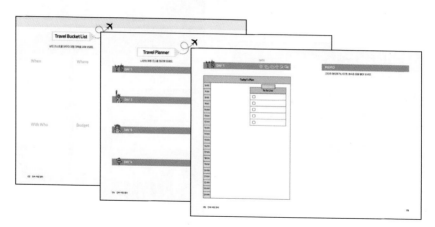

특별부록 – Travel Journal

뉴욕 여행 정보와 생생한 뉴욕 여행 브이로그를 보면서 계획을 세우고, 여행을 하면서 기록할
수 있는 여행 노트를 제공합니다. 여행지에서 하루를 마무리하며 간단히 기록을 하고,
영수증이나 티켓을 붙여 두면 일상으로 돌아온 뒤에 틈틈이 열어 보면서 선명하게 기억을
떠올릴 수 있을 거예요.

목차

뉴욕 여행 준비하기

뉴욕에서 꼭 가봐야 하는 맛집

뉴욕의 대표적인 관광지

뉴욕 쇼핑 플레이스

우리가 떠날 뉴욕은 어떤 곳일까?

미국 북동부의 뉴욕주(New York State)에 있는 뉴욕시(New York City)는 '세계의 수도'라고 불리는 도시로, 세계 경제와 문화의 중심지라고 할 수 있어요. 오랜 역사를 간직하고 있으면서 동시에 최첨단 유행을 선도하는 도시예요. 초고층 빌딩숲에 둘러싸여 멋진 스카이 라인을 이루고, 센트럴 파크를 비롯한 여러 공원들이 잘 어우러져 도시 곳곳에서 자연을 만끽할 수도 있어요.

뉴욕을 알아보자!

☑ 뉴욕시의 인구는 약 840만 명으로 미국에서 가장 인구가 많아요.

☑ 맨해튼을 중심으로 브루클린, 브롱크스, 퀸스, 스테이튼 아일랜드까지 총 다섯 개의 독립 자치구로 구성되어 있어요.

☑ 시간은 한국보다 14시간 느리고, 서머타임 시기에는 한국보다 13시간 느려요.

☑ 뉴욕까지 비행 시간은 직항은 약 14시간 30분, 디트로이트/시애틀 경유 시 약 19시간이 걸려요.

☑ 항공권 가격은 인천 공항 출발 - 뉴욕 JFK 공항 도착을 기준으로 평균 140~170만 원 선이에요.

뉴욕 추천 여행 시기

☑ 걸어서 구경하는 코스가 많은 뉴욕 여행 특성상, 선선한 봄, 가을이 여행하기 좋아요.

☑ 9월~11월 초는 날씨가 대체로 맑고 쾌적하고, 관광객들이 많지 않아서 편하게 뉴욕을 즐길 수 있어요.

☑ 크리스마스와 새해 시즌에는 날씨는 좋지 않지만 화려한 장식과 축제 분위기를 즐길 수 있어서 전 세계인이 가장 많이 찾는 극성수기예요.

☑ 1월 중순~2월 말은 뉴욕 여행을 가장 저렴하게 즐길 수 있어요.

미국 여행 시 주의할 점

⊕ 여행보험

미국은 의료비가 비싼 나라 중 하나예요. 여행 도중 다치거나 아플 수 있으니 만일을 대비하여 여행 전 여행 보험을 필수로 가입해 두어야 해요.

⑤ 팁문화

미국은 팁 문화가 존재해요. 서비스를 받는 거의 모든 곳에서 계산서 가격의 15~20%의 팁을 지불해요. 팁을 내지 않으면 무례하거나 불쾌하게 받아들일 수 있어요.

◎ 치안

미국은 총기 소지가 합법이에요. 대도시의 경우에는 치안을 크게 걱정하지 않아도 되지만, 작은 도시로 여행을 가신다면 치안이 위험할 수 있어요.
늦은 밤에는 가급적 외출을 자제하고, 숙소를 선정할 때도 동네의 분위기를 잘 살펴, 외진 곳은 피해야 해요. 또 미국에서 귀중품, 소지품을 두고 자리는 비우는 행동은 금물이랍니다.

🍷 길거리 술

미국에서는 길거리에서 음주하는 것이 불법이에요. 길거리에서 비틀거리거나 큰 소리로 떠들면 형사 처분의 대상이 되니 주의하세요!

🚨 위급 상황

미국에서 위급 상황 발생 시에는 대한민국 대사관 및 영사 콜센터로 연락하세요.
미국 대한민국 대사관 : +1- 202-939-5653
영사 콜센터(24시간) : +822-3210-0404

뉴욕 여행 추천 코스

Day 1

뉴욕 JFK 국제공항 도착 ┈▶ 숙소 체크인 ┈▶ 타임스퀘어 **Unit 17** ┈▶ 울프강 스테이크하우스 **Unit 7**
┈▶ 엠파이어 스테이트 빌딩 [써밋 전망대]

Day 2

MoMa **Unit 22** ┈▶ 5번가 **Unit 15** ┈▶ 점심 : 베스트 베이글 앤 커피 **Unit 8**
┈▶ 그랜드 센트럴 터미널 ┈▶ 브라이언트 공원 ┈▶ 마담 투소 ┈▶ 저녁 : 엘렌스 스타더트 다이너

Day 3

유니온 스퀘어 그린마켓 **Unit 14** ┈▶ 점심 : ABC 키친 ┈▶ 해리포터 뉴욕 **Unit 16**
┈▶ 플랫 아이언 & 메디슨 스퀘어 공원 **Unit 16** ┈▶ 더 하이 라인 파크 **Unit 9**
┈▶ 저녁 : 첼시 마켓 **Unit 9** ┈▶ 허드슨 야드 **Unit 24**

대부분의 사람들이 말하는 '뉴욕 여행'은 뉴욕 시티의 맨해튼 여행을 의미해요. 맨해튼은 크게 업타운과 주요 관광지들이 있는 미드 타운, 다운타운으로 나뉘어요. 다운타운에서 미드 타운까지 11km나 되기 때문에 시간과 경로를 잘 정해서 관광하시는 것을 추천합니다.

Day 4

미국 자연사 박물관 `Unit 22` ····▶ 점심 : 세이크 섁 버거 ····▶ 센트럴 파크 `Unit 23`
····▶ 록펠러 센터 [탑 오브 더 락 전망대] `Unit 19` ····▶ 저녁 : 로스 타코스 넘버원

Day 5

덤보 `Unit 21` ····▶ 점심 : 타임 아웃 마켓 `Unit 13` ····▶ 브루클린 브릿지 `Unit 21`
····▶ 도미니크 앙셀 베이커리 `Unit 12` ····▶ 소호 & 리틀 이탈리 `Unit 25` ····▶ 저녁 : 롬바디스 피자 `Unit 11`

Day 6

자유의 여신상 페리 `Unit 20` ····▶ 점심 : 오큘러스 센터 내 ····▶ 월 스트리트 ····▶ 황소상
····▶ 트리니트 교회 ····▶ 저녁 : 트라이베카 그릴

Day 7

뉴욕 JFK 국제공항 출발

뉴욕에서 꼭 해봐야 하는 것 BEST

야경 감상하기

반짝이는 불빛들이 수를 놓은 듯한 모습에 감탄이 저절로 나오는 뉴욕의 야경!
낮과는 또 다른 매력을 가진 뉴욕의 밤을 즐겨보세요.

뉴욕의 야경 명소 BEST 3

① 록펠러 센터의 탑 오브 더 락 전망대
Unit 19

② 엠파이어 스테이트 빌딩의
써밋 원 벤더빌트 전망대

③ 허드슨 야드 엣지 전망대 **Unit 24**

축제 즐기기

뉴욕은 일년 내내 크고 작은 축제와 행사로 가득해요.
뉴욕 여행을 계획할 때 어떤 축제가 있는지 살펴보는 것을 추천드려요.

뉴욕 축제 & 행사 BEST 3

① 브로드웨이 뮤지컬 위크

② 록펠러 센터 크리스마스 점등식
Unit 19

③ 타임스 스퀘어 볼드롭 **Unit 17**

인증샷 남기기

여행에서 인증샷이 빠질 수 없겠죠?
막 찍어도 뉴욕 패션 화보처럼 보이는 사진찍기 좋은 장소들을 소개합니다.

뉴욕의 사진 찍기 좋은 장소 BEST 3

1. 타임스 스퀘어 **Unit 17**
2. 자유의 여신상 **Unit 20**
3. 브루클린 브릿지 **Unit 21**

공원에서 피크닉 즐기기

빡빡한 여행 일정도 좋지만 공원에서 잠시 피크닉을 하며 여유롭게 뉴욕을 즐겨 보세요.
사람들을 구경하고 낮잠을 자거나, 책을 읽으며 뉴요커가 된 느낌일 거예요.

뉴욕의 피크닉 하기 좋은 공원 BEST 3

1. 센트럴 파크 **Unit 23**
2. 브루클린 브릿지 파크 **Unit 21**
3. 브라이언트 파크

만능 여행 패턴 10

Pattern 1 Do you know where ~ is?
~가 어디 있는지 아세요?

❶ 환전소가 어디 있는지 아세요?
Do you know where the currency exchange is?

❷ 버스 정류장이 어디 있는지 아세요?
Do you know where the bus station is?

❸ 10번 탑승구가 어디 있는지 아세요?
Do you know where gate 10 is?

Pattern 2 Where's the nearest ~?
가장 가까운 ~은 어디인가요?

❶ 가장 가까운 택시 정류장은 어딘가요?
Where's the nearest taxi stand?

❷ 가장 가까운 지하철역은 어딘가요?
Where's the nearest subway station?

❸ 가장 가까운 공공화장실은 어딘가요?
Where's the nearest public restroom?

Pattern 3   **Is there a/an ~ nearby?**
이 근처에 ~가 있나요?

❶ 이 근처에 ATM이 있나요?
Is there an ATM nearby?

❷ 이 근처에 약국이 있나요?
Is there a pharmacy nearby?

❸ 이 근처에 편의점이 있나요?
Is there a convenience store nearby?

Pattern 4   **How long does it take to get to ~?**
~까지 가는 데 얼마나 걸려요?

❶ 호텔까지 가는 데 얼마나 걸려요?
How long does it take to get to the hotel?

❷ 이 주소까지 가는 데 얼마나 걸려요?
How long does it take to get to this address?

❸ 공항까지 가는 데 얼마나 걸려요?
How long does it take to get to the airport?

Pattern 5   **Is this the right ~?**
~가 맞나요?

❶ 이 길이 센트럴 파크 가는 길이 맞나요?
Is this the right way to Central Park?

❷ 이 버스가 시청으로 가는 버스가 맞나요?
Is this the right bus for the City Hall?

❸ 이 기차가 LA가는 기차가 맞나요?
Is this the right train for LA?

Pattern 6   **How much is ~?**
~는 얼마인가요?

❶ 보증금은 얼마인가요?
How much is the deposit?

❷ 시내까지 가는 택시 요금은 얼마인가요?
How much is the taxi fare to downtown?

❸ 자전거를 빌리는 데 얼마인가요?
How much is it to rent a bicycle?

Pattern 7   **Do you have any other ~?**
다른 ~도 있나요?

❶ 다른 액티비티도 있나요?
Do you have any other activities?

❷ 다른 투어 프로그램도 있나요?
Do you have any other tour programs?

❸ 다른 색도 있나요?
Do you have any other colors?

Pattern 8   **Can I get ~ , please?**
~ 좀 주시겠어요?

❶ 안내 지도 좀 주시겠어요?
Can I get a guide map, please?

❷ 영수증 좀 주시겠어요?
Can I get a receipt, please?

❸ 물 좀 주시겠어요?
Can I get some water, please?

Pattern 9   **I'd like to ~.**
~하고 싶어요.

❶ 이거 사고 싶어요.
I'd like to buy this one.

❷ 3일 동안 머물고 싶어요.
I'd like to stay here for 3 nights.

❸ 오늘 저녁에 테이블을 예약하고 싶어요.
I'd like to book a table for tonight.

Pattern 10   **I'll have ~.**
~주문할 게요. / ~주세요.

❶ 저는 2번 세트 주문할게요.
I'll have combo number 2.

❷ 저는 라지 사이즈 아이스 아메리카노 주문할게요.
I'll have a large iced americano.

❸ 양파 뺀 치즈버거 하나 주세요.
I'll have the cheeseburger without onion.

에어비앤비 이용 꿀팁!

오늘의 여행 TIP

- ☑ 그 나라의 느낌을 경험해 보고 싶다면 에어비앤비 추천!

- ☑ 후기와 호스팅 경험이 많은 슈퍼 호스트라면 성공 확률 UP!

- ☑ 에어비앤비 메신저를 통해 체크인/아웃, 기타 요청을 할 수 있어 편리!

호텔 예약

미국 여행은 장기로 가는 경우가 많기 때문에 여행 스케줄 변경 가능성을 고려하여 취소 가능 조건으로 예약하는 것을 추천해요. 결제 통화는 원보다 달러로 해야 결제 수수료가 적게 들어요.

해외 숙소 예약 사이트

Hotels.com, Agoda, Expedia

~~~~~

호텔 이용

체크인 시 보증금을 요구할 수 있어요. 미국 호텔에는 냉장고, 커피포트, 실내 슬리퍼, 물 등이 없을 확률이 높으니 미리 확인하세요! 발레파킹 팁 $1~2, 택시를 잡아주거나 짐 옮겨줄 때 팁 $1~2를 지불해요. 2박 이상 묵는다면 객실 청소 팁 $1~2를 외출할 때 베개 위에 올려 두는 센스도 잊지 마세요!

I was wondering whether I can do an early check-in.

‣ 일찍 체크인이 가능한가요?

I was wondering whether/if는 '~해도 될까요?, ~를 해주실 수 있을까요?'라는 의미예요. 가능한지 궁금하다고 간접적으로 말하면서, 상대방에게 아주 공손하게 부탁하거나 의향을 물어볼 때 쓰는 표현이랍니다. 가능성을 물어보는 표현이라 조동사 can이나 could와 함께 많이 사용해요.

We'll figure that out.

‣ 방법이 있을 거예요.

figure out은 '고민이나 노력을 통해 답을 알아내거나, 생각해 내다' 라는 의미입니다. 단순히 몰랐던 사실을 알아내거나 발견하는 find out과는 뉘앙스가 다르다는 점 주의하세요!

I'm about to check-in.

‣ 이제 막 체크인을 하려고 해요.

'be about to 동사원형'은 '막 ~을 하려고 하다'라는 표현이에요. Just, now 등을 붙여서 '이제, 방금, 막'이라는 의미를 좀 더 강조할 수 있어요.

I made a reservation.

▸ 예약했어요.

여행할 때 숙소, 식당, 관광지 예약은 필수겠죠? 이때 쓸 수 있는
표현이, make a reservation(예약하다)예요. 예약을 이미 했다는
의미이므로 make의 과거형 made로 나타냈어요. 그리고 '~의 이름으로
예약했어요'라고 말하고 싶을 때는 'under the name of 이름'을 문장
끝에 붙여주면 돼요.

더 알아두면 좋을 호텔 영어 표현 (Tip) ────────────✈

▹ I'd like to check-in, please.
체크인 부탁드립니다.

▹ What time is the check-out?
체크아웃 시간이 언제예요?

▹ Can I check-in now?
지금 체크인할 수 있나요?

Practice ✈

다음 우리말에 맞게 단어를 나열하여 영작해 보세요.
정답을 확인한 다음 여행지에서 내가 쓸 표현을 골라 박스에 체크 표시를 해보세요.

☐ 1. 지금 체크인할 수 있나요?
(check-in, I, now, can)

_____

☐ 2. 체크아웃 시간이 언제예요?
(check-out, time, the, is, what)

_____

☐ 3. 이제 막 체크인을 하려고 해요.
(I'm, check-in, about, to)

_____

☐ 4. 예약했어요.
(made, I, reservation, a)

_____

☐ 5. 일찍 체크인이 가능한가요?
(do, was, whether, I, check-in, I, an, wondering, can, early)

_____

NEW YORK

미국 여행 식당 예약 꿀팁!

오늘의 여행 TIP

☑ 식당 예약은 전화, 온라인, 메일 등으로 가능

☑ 유명 식당은 사전에 예약하는 것이 중요!

☑ 구글 지도 예약, Open Table, Resy 앱으로 식당 예약 가능

☑ 현지인 찐 맛집을 찾고 후기를 보고 싶다면 Yelp 앱!

미국 식당에서는 들어가서 점원이 자리를 안내해 줄 때까지
기다리는 것이 일반적이에요. 음식보다 음료/주류 주문을 먼저
받는 식당이 많답니다. 또 물을 달라고 하면 수돗물을 줍니다.
생수를 원한다면 bottled water를 따로 주문해야 해요. 자리에서
계산서(bill, check)를 요청하고 자리에서 계산해요. 일반적으로
15~20%의 팁을 지불하는 것도 잊지 마세요!

미국에서 특히 주의해야 하는 식당 예절

- 소리 내어 식사하지 않기
- 기침이나 재채기 할 때 소매로 가리고 하기
- 점원을 큰 소리로 부르지 않기, 눈이 마주치면 살짝 손짓하며 부르기

Date 20 . .

I'm going to go for 8 p.m.
‣ 8시로 할게요.

구동사 go for는 '~를 하러 가다, 시도하다' 등의 다양한 의미가 있지만 어떤 것을 선택하거나 정할 때 '~로 선택하다'라는 의미로 쓸 수 있는 표현이기도 합니다. 일상 회화에서는 음식과 함께 자주 쓰여 '~를 먹을래요'로 많이 쓰인답니다.

I'm trying to confirm my reservation.
‣ 혹시 예약 확인이 가능한가요?

해외여행 시 예약이 문제없이 잘 확정되었는지 확인해 보고 싶은 상황이 있으시죠? 그럴 때, confirm my reservation(예약을 확인하다)라는 표현을 쓸 수 있어요. 여기서, confirm은 '확실히 하다'라는 의미랍니다.

Can you repeat that again, please?
‣ 다시 한 번 말씀해 주실래요?

상대방의 말을 알아듣지 못해서 다시 말해 달라고 부탁할 때 이렇게 말할 수 있어요. 못 알아들었을 때 What?이나 What did you say?라고 말하면 무례할 수 있어요. 대신 Can you repeat that again?라고 공손하게 물어볼 수 있답니다.

Party of two?

▸ 두 분이세요?

Party of two? 두 명의 파티? 아닙니다! party는 '일행'이라는 의미도 가지고 있어요. 식당에 갔을 때 직원이 일행이 몇 명인지를 물어볼 때 쓰는 단어예요. 주로 How many are there in your party?라고 직원이 물어본답니다. 그러면 There are two of us.(두 명이에요.)이라고 답변할 수 있고, two 대신 다른 숫자를 넣어서도 얼마든지 활용할 수 있어요.

더 알아두면 좋을 식당 영어 표현 Tip

▹ I want to book a table at 7.
7시로 예약하고 싶어요.

▹ Three adults and two children.
어른 3명, 아이 2명입니다.

▹ I want to book a table for two.
2인석 예약하려고 하는데요.

Practice ✈

다음 우리말에 맞게 단어를 나열하여 영작해 보세요.
정답을 확인한 다음 여행지에서 내가 쓸 표현을 골라 박스에 체크 표시를 해보세요.

☐ 1. 8시로 할게요.
(I'm, for, 8 p.m., to, go, going)

_____

☐ 2. 혹시 예약 확인이 가능한가요?
(I'm, reservation, confirm, to, my, trying)

_____

☐ 3. 다시 한 번 말씀해 주실래요?
(you, please, that, repeat, can, again)

_____

☐ 4. 일행이 몇 분이신가요?
(how, party, many, in, are, your, there)

_____

☐ 5. 2인석 예약하려고 하는데요.
(want, two, a, I, to, table, for, book)

_____

NEW YORK

미국 여행
대중교통 이용 꿀팁!

오늘의 여행 TIP

☑ 해외에서 길을 찾을 때는 구글 지도와 애플 지도 이용

☑ 뉴욕 버스와 지하철은 메트로 카드 구매 후 이용

☑ 신용카드나 애플페이로 결제 가능

☑ 뉴욕 지하철 주요 노선들은 24시간 운행함

뉴욕 메트로 카드 TIP

지하철 거리와 상관없이 1회 탑승시

$2.75

차감식 카드

$9~10 내에서 이용 가능, 카드 발급 비용 $1

단일 탑승 카드

1회만 탑승 가능, 2시간 내 지하철 – 버스 1회 무료 환승, 버스-버스 무료 환승

충전식 카드

시간, 금액에 따라서 충전 가능, 카드 발급 비용 $1, 18분 이내 같은 지하철/버스 노선
사용 불가능 (원하는 금액만큼 충전 가능, 7일 무제한 $34, 30일 무제한 $127)

Date 20 . .

I don't know how to get to the Chelsea Market.

‣ 첼시마켓을 어떻게 가는지 몰라요.

'I don't know how to 동사원형'은 '~하는 법을 몰라요'라는 표현이에요. 이 표현처럼 실제로 방법을 모를 때 쓰기도 하고, '어떻게 ~하는지 모르겠어요'라는 뉘앙스로 이해하거나 설명하기 힘든 일을 말할 때 쓰이기도 한답니다.

There's nothing you need to worry about.

‣ 걱정할 거 전혀 없어요.

There's nothing은 '~할 게 전혀 없어요'라는 뜻으로 뒤에 주어+동사, to 동사원형, 형용사 형태가 다양하게 나올 수 있어요. 주어+동사가 나올 때는 할 수 있는 것, 없는 것에 대해 말하며 can을 자주 쓴답니다!

I have to transfer.

‣ 갈아타야 해요.

여행 시 대중교통을 이용한다면 필수인 환승하기! transfer는 '환승하다'라는 의미예요. transfer 뒤에 'to+장소'를 함께 쓰면 가려는 방향/목적지를 나타내고, 'at+장소'와 함께 쓰면 환승해야 하는 곳을 나타낼 수 있어요.

Which exit do we have to go?

‣ 몇 번 출구로 가야 해요?

공항이나 지하철에서 알맞은 출구를 찾는 것도 중요하죠. 이럴 때
exit(출구)라는 단어를 잊지 마세요! 여러 출구 중 하나를 말하기 때문에
'어느'라는 뜻의 which와 함께 사용해서 말해요.

I completely made a mistake.

‣ 완전 실수했네요.

make a mistake는 '실수하다'라는 표현이에요. 동사로 do가 아니라
make를 쓴다는 것을 잊지 마세요! 또는 같은 의미로 It's my mistake.
(내 잘못이야.)라고 말하기도 해요.

더 알아두면 좋을 대중교통 영어 표현 Tip

▷ **Where can I transfer?** 어디에서 환승할 수 있나요?

▷ **When is the next bus?** 다음 버스는 언제 오나요?

▷ **I want to buy a 5-day pass.** 5일 이용권 살 수 있나요?

Practice ─────────────────────────────────✈

다음 우리말에 맞게 단어를 나열하여 영작해 보세요.
정답을 확인한 다음 여행지에서 내가 쓸 표현을 골라 박스에 체크 표시를 해보세요.

☐ 1. 첼시마켓을 어떻게 가는지 몰라요.
　　(I, how, get, to, Chelsea Market, the, know, don't, to)

_____

☐ 2. 5일 이용권 살 수 있나요?
　　(pass, I, a, want, buy, to, 5-day)

_____

☐ 3. 어디에서 환승할 수 있나요?
　　(can, where, I, transfer)

_____

☐ 4. 몇 번 출구로 가야 해요?
　　(exit, to, which, have, go, we, do)

_____

☐ 5. 완전 실수했네요.
　　(mistake, completely, I, a, made)

_____

NEW YORK

미국 여행 배달 음식 앱 이용 꿀팁!

REC ●

오늘의 여행 TIP

☑ UberEats, DoorDash, GrabHub를 가장 많이 사용

☑ 미국에선 배달 앱에서도 주로 15% 정도의 팁을 지불

☑ 구독 서비스 $9.99로 배달비와 일정금액의 할인을 제공

☑ 직접 주문했을 때와 가격이 상이할 수 있으니 주의

Halal Guys

할랄 고기와 야채를 밥, 또띠아 등에 넣어 만든 음식을 판매해요.
할랄 고기란 이슬람 율법에 따라 도축한 육류를 사용한 요리랍니다.

Panda Express

미국에서 가장 유명한 중국 패스트푸드 음식점이에요. 대표 메뉴는
Orange chicken(순살 치킨에 달콤한 과일 소스를 얹은 요리)과
Honey Walnut Shrimp(달달한 코코넛 소스에 버무린 튀긴 새우와
호두)예요. 한국에 있는 중국 음식과 무엇이 다른지 비교하는 재미가
있어요!

Chipole, Taco bell

두 가게 모두 미국식 멕시칸 패스트푸드 음식점이에요. 타코,
퀘사디아, 또띠아 등을 판매해요. Chipole에서는 마음대로 재료를
선택할 수 있답니다.

Date 20 . .

Let's walk you through it from the top.

‣ 처음부터 자세히 설명해 드릴게요.

'walk 사람 through'는 '누구에게 무언가를 자세하게 설명하다'라는
의미예요. '차근차근 한 걸음씩 걸으며 설명해 준다'라는 의미로 이해하면
쉬워요! from the top은 '처음부터'라는 의미랍니다.

I'll get the regular size.

‣ 레귤러 사이즈로 주문할게요.

'주문하다'는 order, '먹다'는 eat만 알고 있지 않으셨나요? I'll get~
/ I'll have ~는 '~로 할게요'라는 뜻으로 주문할 때 쓰는 표현입니다.
원어민들은 음식을 주문할 때 이렇게 동사 get이나 have를 사용한다는 것
잊지 마세요!

I'm starving.

‣ 엄청 배고파요.

'배고파 죽겠어!' 한국말로도 너무 배고플 때 이런 표현 사용하죠? 이럴
땐 영어로 I'm so hungry라고 말하는 대신에 I'm starving이라고 말해
보세요. 추가로 I'm starving to death라고 말하면 그 의미가 더욱
강조된답니다.

Bon appetite!

▸ 맛있게 먹겠습니다!

영어권 국가에서는 인사 없이 바로 식사를 하는 것이 일반적이에요.
하지만 식사 전에 '잘 먹겠습니다, 맛있게 먹겠습니다'라고 말하고 싶다면
Bon appetite!정도로 말할 수 있어요. 이 표현은 사실 프랑스어이지만
영어권 국가에서도 자주 쓰인답니다. 식당 점원이 음식을 갖다주며 말할
때는 Enjoy (your meal)!이라고도 해요!

더 알아두면 좋을 식당 영어 표현 Tip

▹ Can I see the menu?
메뉴를 볼 수 있나요?

▹ Two cheeseburgers to go, please.
치즈버거 두 개 포장이요.

▹ A Coke without ice.
얼음 없이 콜라 하나요.

Practice ✈

다음 우리말에 맞게 단어를 나열하여 영작해 보세요.
정답을 확인한 다음 여행지에서 내가 쓸 표현을 골라 박스에 체크 표시를 해보세요.

☐ 1. 메뉴를 볼 수 있나요?
　　(see, I, the, can, menu)

_____

☐ 2. 레귤러 사이즈로 주문할게요.
　　(I'll, size, the, get, regular)

_____

☐ 3. 얼음 없이 콜라 하나요.
　　(Coke, a, ice, without)

_____

☐ 4. 식사 맛있게 하세요!
　　(your, enjoy, meal)

_____

☐ 5. 치즈버거 두 개 포장이요.
　　(please, go, cheeseburgers, to, two)

_____

NEW YORK

미국 여행
오프라인 티켓 예약 꿀팁!

오늘의 여행 TIP

☑ 주요 관광지에는 티켓 구매 줄이 긴 경우가 많음

☑ 미리 온라인으로 예약하는 것을 추천

☑ 학생, 노인, 카드사 할인이 있는지 확인하기

☑ 치안 때문에 현금보다 카드 사용을 추천

☑ 해외 결제 가능 카드를 미리 준비

액티비티 및 관광지

- City Tour Bus
- Statue Liberty Cruise
- Central Park Wolman Rink

스포츠 및 문화

- Broadway Musical
- MLB New York Yankees Game

Date 20 . .

Is this the line to buy a ticket?

▸ 여기가 티켓을 사는 줄인가요?

여행지에서 줄을 서기 전 어떤 줄에 서야 하는지 헷갈렸던 상황 있으시죠?
이럴 때는 Is this the line ~?(이게 ~ 줄인가요?)를 활용해서 확인할 수
있어요! 'for+명사'나 'to+동사원형'을 붙여 어떤 줄인지를 구체적으로
물어볼 수 있어요. line 대신에 queue라는 단어를 사용할 수도 있답니다.

Are you paying with a card?

▸ 카드로 결제하시나요?

pay with a card는 '카드로 결제하다'라는 뜻이에요. 참고로 신용카드는
영어로 credit card이고, 사실 우리가 콩글리시로 잘못 알고 있는
체크카드는 영어로 debit card랍니다. 여행하면서 '신용카드로 결제해도
되나요?'라고 물어볼 때는 Can I ~?(~할 수 있나요?)를 활용해서 Can I
pay with a credit card?라고 할 수 있겠죠?

Can I get a discount?

▸ 할인을 받을 수 있나요?

get a discount는 '할인을 받다'라는 의미예요. Can I ~?(~할 수
있나요?)를 붙여서 '할인을 받을 수 있나요?'로 쓰는 표현이랍니다. 'take
돈 off'는 '얼마를 가격에서 빼주다'라는 표현이니 함께 알아두세요.

Can I get a receipt?

‣ 영수증을 받을 수 있나요?

무언가를 계산한 후 영수증을 요청할 때 쓸 수 있는 표현이에요. 반대로 Would you like your receipt?(영수증 필요하세요?)라고 직원이 물어볼 수 있어요. 여기서 receipt는 [리씹]이 아닌, [리씨ㅌ]라고 발음하는 것에 주의하세요.

더 알아두면 좋을 예약/예매 영어 표현 Tip

▷ What time does the ticket office open?
  매표소는 몇 시에 여나요?

▷ How much is the admission?
  입장료는 얼마예요?

▷ I want to book a bus tour.
  버스 투어 예약하고 싶어요.

Practice ✈

다음 우리말에 맞게 단어를 나열하여 영작해 보세요.
정답을 확인한 다음 여행지에서 내가 쓸 표현을 골라 박스에 체크 표시를 해보세요.

☐ 1. 여기가 티켓을 사는 줄인가요?
    (is, to, a, line, ticket, the, this, buy)

_____

☐ 2. 신용카드로 결제해도 되나요?
    (I, pay, credit, a, card, can, with)

_____

☐ 3. 할인을 받을 수 있나요?
    (discount, get, can, I, a)

_____

☐ 4. 영수증 필요하세요?
    (your, receipt, like, you, would)

_____

☐ 5. 입장료는 얼마예요?
    (admission, is, much, the, how)

_____

NEW YORK

미국 여행
온라인 티켓 예약 꿀팁!

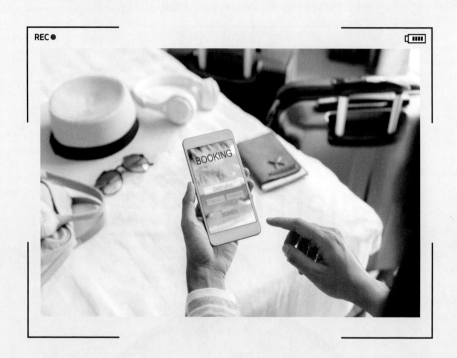

오늘의 여행 TIP

☑ 뉴욕 대부분의 관광지는 예약이 필수

☑ 여행 2주 전 티켓 구매 추천!

☑ 패스로 저렴하고 편리하게 티켓 구매 가능

☑ 시티패스, 빅애플 패스, 익스플로러 패스 등이 있음

☑ 패스마다 포함하고 있는 구성, 가격, 유효기간이 상이

티켓 구매 필수 관광지

미술관

- The Metropolitan Museum of Art
- MoMa(Museum of Modern Art)
- American Museum of Natural History

전망대

- Empire State Building Observatory
- Top of the Rock Observatory
- Edge Observatory

Date 20 . .

It's really important to make a reservation.
▸ 예약을 하는 건 정말 중요해요.

'It's important to 동사원형'은 '~하는 것이 중요하다'라는 표현이에요. 누군가에게 당부하거나 중요한 내용을 강조할 때 쓸 수 있어요. 'to+동사원형' 대신에 'that 주어+동사' 패턴이 나올 수도 있답니다!

I wasn't planning to go to Statue of Liberty Cruise.
▸ 자유의 여신상 크루즈를 원래 안 가려고 했어요.

'wasn't/weren't planning to 동사원형'은 원래 안 하려고 했는데 결국은 하게 된 것을 말할 때 써요. 'planning to 동사원형' 대신에 'planning on 명사'를 쓸 수도 있답니다. 또 'wasn't/weren't going to 동사원형'도 같은 표현이니 같이 기억해 두세요!

First come, first served seating.
▸ 선착순 좌석이에요.

First come, first served를 직역하면 '먼저 온 사람이 서비스를 받는다', 즉, '선착순'이라는 표현이에요. 먼저 도착하거나 지원하는 사람에게 우선권이 주어진다는 의미랍니다.

It's not refundable.

▸ 환불이 안돼요.

refundable은 refund(환불하다) 와 –able(~할 수 있는)이 만나
'환불 가능한'이라는 의미예요. 호텔을 예약하거나 티켓을 구매할
때, refundable 인지 아닌지 꼭 확인하세요! 환불 불가는 Non-
Refundable이랍니다.

더 알아두면 좋을 예약/예매 영어 표현 Tip

▷ How much is this tour?
이 투어 상품 얼마예요?

▷ What does the tour include?
투어 프로그램에 어떤 것이 포함되었나요?

▷ Does the price include meals?
가격에 식비가 포함되나요?

Practice ✈

다음 우리말에 맞게 단어를 나열하여 영작해 보세요.
정답을 확인한 다음 여행지에서 내가 쓸 표현을 골라 박스에 체크 표시를 해보세요.

☐ 1. 예약을 하는 건 정말 중요해요.
　　 (really, to, make, it's, a, reservation, important)

_____

☐ 2. 투어 프로그램에 어떤 것이 포함되었나요?
　　 (does, include, tour, what, the)

_____

☐ 3. 선착순 좌석이에요.
　　 (first, seating, come, served, first)

_____

☐ 4. 환불이 안돼요.
　　 (not, refundable, it's)

_____

☐ 5. 가격에 식비가 포함되나요?
　　 (the, meals, does, include, price)

_____

NEW YORK

현지 영상 맛보기

뉴욕
3대 스테이크 하우스

오늘의 여행 TIP

- ☑ 미국 내 상위 3% 프라임 등급, 28일 동안 드라이 에이징으로 숙성된 스테이크만을 제공

- ☑ 뉴욕에 5개의 매장이 있음
  본점인 Park Avenue 매장 후기가 제일 좋음

- ☑ 최고급 채끝 등심 & 안심 스테이크인 Potterhouse가 시그니처 메뉴!

- ☑ 고급 레스토랑이라 1인당 스테이크, 사이드 메뉴, 주류까지 평균 $100~$120 예상

About Wolfgang's Steakhouse

주소

4 Park Ave, New York, NY 10016

영업시간

월-일 12:00-22:00

가는 법

33rd St 역에서 도보 1분 거리

~~~~~

함께 방문하면 좋을 곳

Peter Luger Steakhouse

- 미슐랭 1스타의 스테이크 하우스
- 1887년부터 오픈하여, 30년 연속으로 뉴욕 최고의 스테이크로 꼽힘
- 드라이 에이징이라는 숙성 방식을 최초로 도입한 곳
- 현금 혹은 미국 체크 카드로만 결제 가능

Is it possible for me to dine in right now?
▸ 지금 식사 가능할까요?

'Is it possible to 동사원형 ~?'은 '~하는 게 가능할까요?'라는
표현이에요. 가능성에 대해 물어볼 때, 혹은 공손하게 부탁할 때 쓸 수
있는 표현이랍니다!

We're just looking at it.
▸ 저희 아직 보고 있어요.

We're still looking at the menu.(아직 메뉴 보고 있어요)라는 의미가
담겨 있는 문장이에요. 식당에서 점원이 '주문하시겠어요?'라고 물었을
때 아직 결정을 못 했다면 We haven't decided yet.(아직 결정 못
했어요) 혹은 Could you give us a few more minutes?(시간 좀 더
주시겠어요?)라고 말할 수도 있어요.

Let's dig in!
▸ 자, 이제 먹자!

dig은 '(구멍을) 파내다'라는 의미예요. 전치사 in과 함께 쓰여 '먹기
시작하다'라는 표현으로 쓰여요. 숟가락으로 음식을 파내며 먹는 모습을
상상하시면 이해가 쉬울 거예요!

I would say it's a lot better than Peter Luger.

‣ Peter Luger보다 훨씬 맛있는 거 같아요.

I would say는 '(제 생각엔) ~ 인 거 같아요'라는 표현이에요. 나의 의견이나 추측을 공손하게 말할 때 쓸 수 있어요.

We're ready for the check.

‣ 계산할게요.

해외 식당에서는 자리에서 계산서를 요청하고 계산하는 경우가 일반적인데요. 이럴 때 쓸 수 있는 표현이에요. be ready는 '준비가 되다'라는 의미예요. Can I get the bill, please?(계산서 주시겠어요?)라고도 말할 수 있어요.

더 알아두면 좋을 식당 영어 표현 Tip

▷ I'd like to make a reservation for tonight at 9 p.m.
오늘 저녁 9시로 예약을 하고 싶어요.

▷ I'd like to book a table for three people at 6 p.m.
6시에 3명 테이블을 예약하고 싶어요.

▷ How long do I have to wait? 얼마나 오래 기다려야 하나요?

Practice ✈

다음 우리말에 맞게 단어를 나열하여 영작해 보세요.
정답을 확인한 다음 여행지에서 내가 쓸 표현을 골라 박스에 체크 표시를 해보세요.

☐ 1. 오늘 저녁 9시로 예약을 하고 싶어요.
　　(9 p.m., to, at, I'd, for, like, make, a, tonight, reservation)

_____

☐ 2. 아직 결정 못 했어요.
　　(yet, decided, haven't, we)

_____

☐ 3. 얼마나 오래 기다려야 하나요?
　　(I, long, to, do, have, how, wait)

_____

☐ 4. 지금 식사 가능할까요?
　　(possible, it, for, now, is, me, dine, right, in, to)

_____

☐ 5. 계산서 주시겠어요?
　　(bill, the, get, I, please, can)

_____

NEW YORK

현지 영상 맛보기

뉴욕 3대 베이글 맛집

오늘의 여행 TIP

☑ 크림치즈가 무려 16가지가 있어 골라 먹는 재미가 있음

☑ 훈제 연어 베이글 샌드위치가 시그니처 메뉴

☑ 소금, 참깨, 마늘, 양파로 시즈닝 된 Everything Bagel 빵이 가장 인기

☑ 내부 자리가 협소하여 테이크 아웃하여 먹는 것을 추천

About Best Bagel & Coffee

주소

225 W 35th St A, New York, NY 10001

영업시간

월-금 6:00-16:00, 토-일 7:00-16:00

가는 법

34 St 역에서 도보 3분 거리

〜〜〜

함께 방문하면 좋을 곳

뉴욕 3대 베이글 중 하나!
Ess-a-Bagel

- 1976년부터 운영하고 있는 수제 베이글 가게
- 베이글은 바쁜 아침 뉴요커들의 주식! 출근 시간인 8-9시 사이는 피하기
- 훈제 연어, 크림치즈, 토마토 등이 들어 있는 A signature Favorite가 대표 메뉴
- 뉴욕식 베이글은 빵을 굽기 전에 한 번 삶는 게 특징
- 두부 크림치즈, 저지방 크림치즈 등 다양한 옵션 제공

Date 20 . .

There are so many people just packed in here.

▸ 여기 사람들로 꽉 차 있네요.

be packed with는 '(사람이나 사물로) 어떤 공간이 꽉 차 있다'라는 의미입니다. 비슷한 표현으로는 crowded, jammed, jam-packed 등이 있어요.

My favorite is everything bagel.

▸ 시즈닝 된 베이글을 제일 좋아해요.

favorite은 '가장 좋아하는'이라는 의미예요. 그래서 '내가 가장 좋아하는 건/~는 ~이다'라고 말하고 싶을 땐, My favorite (명사) is ~라고 쓸 수 있어요. 추가로 '가장 싫어하는'은 앞에 least(최소의)를 붙여, least favorite이라고 말할 수 있답니다.

Can I get everything bagel, please?

▸ 시즈닝 된 베이글 주세요.

해외여행 중 영어로 주문하는 건 필수죠? 이럴 때 만능으로 쓸 수 있는 표현이 Can I get ~?(~ 주세요)입니다. Can I get 뒤에 원하는 음식이나 음료를 붙여서 사용할 수 있어요. 문장 끝에 please를 붙여 더욱 공손하게 말해보세요.

Anything else would you like?
‣ 더 필요한 거 있으세요?

Anything else?를 직역하면, '다른 건 없나요?' 라는 의미예요.
식당이나 카페에서 직원이 더 주문할 것이나 필요한 것이 있는지 물어볼
때 쓰는 표현입니다. 단독으로 쓰이기도 하고 would you like~?
(~하시겠어요?)와 같이 쓰이기도 해요.

It takes about 5 minutes.
‣ 5분 정도 걸려요.

It takes ~는 '시간이나 노력이 든다'라는 표현이에요. 뒤에 '시간+to
동사원형'이 오면 '~하는데 ~ 만큼의 시간이 걸리다'라는 의미로 다양한
상황에서 활용할 수 있어요.

더 알아두면 좋을 식당 영어 표현 Tip ────────✈

▷ What's good here? 여기 뭐가 맛있어요?

▷ What's today's special? 오늘의 메뉴는 뭔가요?

▷ What is the most popular dish here?
  여기서 가장 인기 있는 음식이 뭔가요?

Practice ✈

다음 우리말에 맞게 단어를 나열하여 영작해 보세요.
정답을 확인한 다음 여행지에서 내가 쓸 표현을 골라 박스에 체크 표시를 해보세요.

☐ 1. 여기서 가장 인기 있는 음식이 뭔가요?
(the, here, what, popular, is, dish, most)

_____

☐ 2. 오늘의 메뉴는 뭔가요?
(today's, what's, special)

_____

☐ 3. 시즈닝 된 베이글 주세요.
(can, bagel, get, I, please, everything)

_____

☐ 4. 더 필요한 거 있으세요?
(you, would, like, else, anything)

_____

☐ 5. 5분 정도 걸려요.
(it, 5, takes, minutes, about)

_____

NEW YORK

현지 영상 맛보기

과자 공장의 놀라운 변신

67

REC ●

오늘의 여행 TIP

☑ 기존 오레오 공장을 개조한 실내형 마켓

☑ 식사, 쇼핑, 커피 등 35개의 다양한 상점들이 입점

☑ 마켓 내부에 미술, 조형물들이 설치되어 있어, 갤러리 같은 분위기

☑ 랍스터(Lobster Place)와 타코(LOS TACOS) 식당이 가장 유명

About Chelsea Market

주소

75 9th Ave, New York, NY 10011

영업시간

월-토 07:00-02:00, 일 08:00-22:00

가는 법

8th Ave 역에서 도보 4분 거리

함께 방문하면 좋을 곳

High Line Park

- 과거 버려진 상업용 철도를 리모델링한 공원
- 9m 높이에 공중에 위치해 있어서 산책길을 걸으며 맨해튼의 조경 관람 가능
- 첼시마켓에서 허드슨 야드(베슬)까지 더 하이 라인 파크를 통해 가는 것 추천 (도보로 18분 정도 소요)

Date   20 . .

I don't feel like having lobster.

▸ 전 랍스터 안 먹고 싶어요.

우리도 종종 '오늘은 나갈 기분 아니야'라고 말하곤 하죠? 이럴 때 쓸 수 있는 표현이 'feel like 동사 ing'(~를 하고 싶은 기분이다)예요. 그래서 '~할 기분이 아니다'라고 말할 때는 don't/doesn't를 사용하여 부정문으로 표현하면 된답니다.

Can I add tapioca pearl?

▸ 타피오카 펄 추가해 주시겠어요?
   (*'타피오카 펄 추가해주세요'와 동일한 의미)

카페에서 음료에 토핑, 샷, 시럽 등을 추가로 넣어 달라고 요청할 때 '~를 추가해 주시겠어요?'를 뜻하는 Can I add ~? 혹은 Can you add ~?를 활용해서 말할 수 있어요.

I want less ice.

▸ 얼음은 적게 주세요.

요즘 카페에서는 얼음의 양, 당도, 시럽의 양을 개인의 취향에 맞게 요청할 수 있죠! '~는 적게 주세요'라고 말하고 싶다면, less를 활용해 표현을 써 보세요. less ice/sugar/syrup처럼 말할 수 있어요. 비슷한 표현으로 Easy on the ice/sugar/syrup처럼 사용할 수 있습니다.

Can I get a name for the order?

▸ 이름 좀 알려주시겠어요?

해외에서는 메뉴가 준비되면 이름으로 불러주는 곳도 있기 때문에 손님의 이름을 물어보는 경우가 종종 있어요. 이 때 직원이  Can I get/have your name?(이름 좀 알려주시겠어요?)라고 말한답니다.

더 알아두면 좋을 식당 영어 표현 Tip ─────────────✈

▷ Can you take out cilantro on the side, please?
고수는 접시에 따로 빼 줄 수 있나요?
*cilantro 고수

▷ Can you make it spicier?
더 맵게 만들어 줄 수 있나요?

▷ Can you make it less salty?
덜 짜게 만들어 줄 수 있나요?

다음 우리말에 맞게 단어를 나열하여 영작해 보세요.
정답을 확인한 다음 여행지에서 내가 쓸 표현을 골라 박스에 체크 표시를 해보세요.

☐ 1. 전 랍스터 안 먹고 싶어요.
   (like, I, don't, lobster, feel, having)

_____

☐ 2. 타피오카 펄 추가해주세요.
   (tapioca, add, can, I, pearl)

_____

☐ 3. 얼음은 적게 주세요.
   (ice, the, easy, on, please)

_____

☐ 4. 이름 좀 알려주시겠어요?
   (I, your, get, name, can)

_____

☐ 5. 더 맵게 만들어 줄 수 있나요?
   (it, you, can, make, spicier)

_____

NEW YORK

현지 영상 맛보기

뉴요커 현지 술집

오늘의 여행 TIP

☑ 지하철역 안에 위치한 캐주얼 바!

☑ 모든 칵테일의 가격이 $18

☑ 미국에서는 만 21세부터 음주 가능

☑ 영문 이름이 적혀 있는 신분증(여권) 지참 필수

☑ 바에서는 바텐더에게 술 한 잔당 $1-2의 팁을 지불

☑ 잔 받침(코스터)와 함께 서빙, 잠시 자리를 비운다면 코스터를
   잔 위에 덮어두기!

About Nothing Really Matters

주소

50th St, New York, NY 10019

영업시간

월-토 16:00-02:00

가는 법

50 St 역 내에 위치

～～～

함께 방문하면 좋을 곳

230 Fifth

- 뉴욕에서 가장 유명한 루프탑 바
- 캐주얼하고 시끌벅적한 분위기의 바
- 엠파이어 스테이트 빌딩의 황홀한 자태를 가까이에서 감상 가능

Le Bain

- 다운타운 맨해튼과 허드슨강의 뷰를
  감상 가능
- 여름에는 실내 수영장도 이용 가능

[230 Fifth]

Date 20 . .

I'm just going to check out the vibes.
‣ 분위기 좀 살펴봐야겠어요.

'분위기'하면 atmosphere부터 떠오르지 않으셨나요? 틀린 말은
아니지만 캐주얼하게 장소의 느낌, 분위기를 말할 땐 vibe라는 표현을 더
많이 써요. 여행지에서 처음 가보는 곳의 분위기를 살펴봐야겠다고 말할
때 사용할 수 있는 문장이에요. 참고로 mood는 사람의 기분, 느낌을 말할
때 쓰니 구분해서 알아두세요.

We are not in a hurry.
‣ 우린 급하지 않아.

be in a hurry는 '시간이 많지 않아서 서두르는, 바쁜'이라는 표현이에요.
such를 붙여서 be in such a hurry로 더욱 강조하여 쓸 수 있어요. 또,
hurry 대신에 rush라는 단어를 쓰기도 한답니다.

Everything's reserved.
‣ 다 예약되어 있어요.

reserved라는 푯말이 식당 테이블에 올려져 있는 거 보신 적 있으시죠?
reserved는 '예약된'이라는 의미예요. 비슷한 표현으로 booked도
있답니다. fully(완전히)라는 부사와 함께 쓰여 '다 예약되어 있어요'라고
강조할 수도 있어요.

Can you recommend me a drink?

‣ 음료를 추천해 주시겠어요?

Can you recommend me ~?는 '~를 추천해 주시겠어요?'라는
표현이에요. 식당이나 바에 갔을 때 무엇을 주문할지 고민될 때 이 표현을
활용해 보세요.

더 알아두면 좋을 바(bar) 영어 표현 Tip ────────✈

▷ What kind of cocktails do you have?
  칵테일은 뭐가 있나요?

▷ I'd like a draft beer.
  생맥주 한 잔 주세요.

▷ I'll have a glass of wine.
  와인 한 잔 주세요.

Practice ✈

다음 우리말에 맞게 단어를 나열하여 영작해 보세요.
정답을 확인한 다음 여행지에서 내가 쓸 표현을 골라 박스에 체크 표시를 해보세요.

☐ 1. 칵테일은 뭐가 있나요?
   (of, do, cocktails, what, have, you, kind)

_____

☐ 2. 분위기 좀 살펴봐야겠어요.
   (I'm, going, check, vibes, the, out, to, just)

_____

☐ 3. 다 예약되어 있어요.
   (reserved, everything's)

_____

☐ 4. 음료를 추천해 주시겠어요?
   (recommend, you, drink, a, can, me)

_____

☐ 5. 와인 한 잔 주세요.
   (of, I'll, glass, wine, a, have)

_____

NEW YORK

Unit. 11 Lombardi's

현지 영상 맛보기

미국 최초의 피자 집!

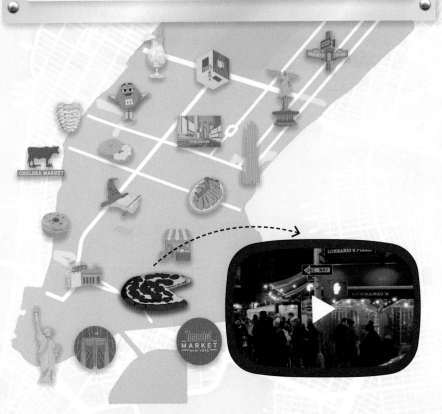

REC ●

오늘의 여행 TIP

☑ 1905년에 오픈하여 100년이 넘는 역사, 뉴욕 3대 피자 집 중 하나

☑ 마르게리따와 아워 화이트 피자가 시그니처 메뉴

☑ 시그니처 둘 다 먹어보고 싶다면 half & half로 주문

☑ 예약 받지 않아서 직접 웨이팅은 필수

☑ Only cash! 현금 잊지 않고 챙기기

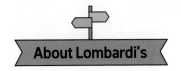

About Lombardi's

주소

32 Spring St, New York, NY 10012

영업시간

일–목 12:00–22:00, 금–토 12:00–24:00

가는 법

Spring Street 역에서 도보 1분 거리

~~~~~

함께 방문하면 좋을 곳

피자 러버라면 뉴욕 3대 피자집 탐방은 필수!
Grimaldi's pizzeria
Juliana's pizza

- 두 곳 모두 Lombardi's와 마찬가지로 이탈리안 화덕 피자가 유명
- Grimaldi's pizzeria의 원래 주인이 Juliana's pizza 사장이었음
- 이를 아는 현지인들 사이에선 원조 Juliana's pizza가 더 유명
- 두 곳 모두 뉴욕 Brooklyn bridge 바로 아래에 나란히 위치

Date 20 . .

Because that's like my go-to menu.

‣ 그게 제 최애 메뉴거든요.

my go-to는 직역하면 내가 가는, 즉 '자주 찾는, 단골의, 최애의'라는
표현이에요. 그래서 음식이나 장소를 선택해야 할 때 제일 먼저 떠오르는
것을 말할 때 사용할 수 있어요.

Do I have to put my name on the list?

‣ 대기 명단에 이름을 적어야 하나요?

Do I have to ~?는 '~를 해야 하나요?'라는 의미로, 어떤 일을 꼭 해야
하는 지 물어볼 때 쓰는 표현으로 to 뒤에는 항상 동사원형을 사용해요.
식당에 기다리는 사람들이 많아서 대기 명단에 이름을 적어야 하는지를
물어볼 때, put on the list(명단에 올리다) 표현을 활용해서 말해 보세요.

I think I'm ready to order.

‣ 주문할 준비가 됐어요.

'be ready to 동사원형'은 '~할 준비가 되다'라는 의미예요.
order(주문하다)와 함께 쓰여, 식당에서 주문 준비가 완료되었을 때
웨이터를 부르며 쓸 수 있는 표현이에요.

Can I get you started with some drinks?

▸ 음료 먼저 준비해 드릴까요?

get started는 '시작하다'라는 의미로 이 표현을 직역하면 '음료로 시작해 드려도 될까요?'에요. 해외 식당에선 일반적으로 음식 주문을 받기 전에 음료 주문을 먼저 받기 때문에 웨이터가 이렇게 물어보곤 해요.

I think water should be fine for me.

▸ 물이면 충분해요.

should be fine은 '괜찮을 거 같다'라는 의미예요. 음료 주문을 하지 않고 그냥 물만 마시고 싶을 때 쓸 수 있는 표현이에요. 짧게 Water's fine이라고 말할 수 있어요. 참고로 해외에서 water는 주로 tap water(수돗물)을 의미하니 혹시 '생수'를 원하면 bottled water를 요청해야 해요.

더 알아두면 좋을 식당 영어 표현 Tip

▷ Could you get me some napkins? 냅킨 가져다주시겠어요?

▷ Could you clean this up? 이거 좀 치워주시겠어요?

▷ Can we get this refilled? 이거 리필 해주세요.

Practice ✈

다음 우리말에 맞게 단어를 나열하여 영작해 보세요.
정답을 확인한 다음 여행지에서 내가 쓸 표현을 골라 박스에 체크 표시를 해보세요.

☐ 1. 대기 명단에 이름을 적어야 하나요?
   (have, I, list, on, to, do, name, put, my, the)

_____

☐ 2. 이거 좀 치워주시겠어요?
   (up, could, clean, you, this)

_____

☐ 3. 주문할 준비가 됐어요.
   (think, ready, order, I, to, I'm)

_____

☐ 4. 음료 먼저 준비해 드릴까요?
   (I, started, some, you, get, drinks, with, can)

_____

☐ 5. 물이면 충분해요.
   (think, water, for, I, me, fine, be, should)

_____

NEW YORK

현지 영상 맛보기

뉴욕 빵지순례 필수 코스

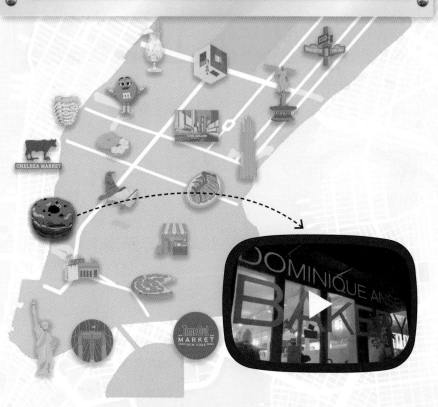

오늘의 여행 TIP

☑ 필링을 채운 크루와상을 도넛 모양으로 만든 크로넛을 최초로 개발한 곳   *'크로넛'은 페이스트리의 한 종류

☑ 매달 다른 맛의 크로넛을 판매

☑ 크로넛을 구매하고 싶다면 오전 일찍 방문 추천

☑ 쿠키샷(Cookie shot), 프로즌 스모어(Frozen Smore)도 유명

About Dominique Ansel Bakery

주소

189 Spring St, New York, NY 10012

영업시간

월-목 18:00-19:00, 금-토 08:00-20:00

가는 법

Spring St 역에서 도보 1분 거리, 소호 위치

함께 방문하면 좋을 곳

Levain Bakery

- 겉은 바삭하지만 안은 쫀득한 식감을 가진 르뱅 쿠키로 유명
- 무게가 무려 200g이나 되는 아주 두껍고 큰 쿠키로 죽기 전에
  먹어야 하는 음식 TOP 25에 선정되기도 함
- 초콜릿 칩 월넛 쿠키, 다크 초콜릿 쿠키가 가장 인기 메뉴(각 $5)

Date 20 . .

I think I'm almost there.
‣ 거의 다 온 거 같아요.

almost there은 '(장소에) 거의 다 왔다'라는 의미예요. 여기서 there는 목표한 장소나 지점을 의미해요. 또한 특정한 장소뿐만 아니라 '목표하는 일에 거의 다 왔다, 조금만 하면 성공이다'라는 의미로 확장되어 쓰이기도 한답니다.

That'll be it.
‣ 그거면 됐어요.

주문을 마무리하며 점원이 Anything else?(다른 필요한 거 있으세요?)라고 묻곤 하죠? 이럴 때 더 이상 주문할 게 없다면 That'll be it.(그거면 됐어요)라고 말할 수 있어요. it 대신에 all도 쓸 수 있답니다.

On top of that, you have to wait in line.
‣ 게다가 줄을 기다려야 해요.

On top of that은 맨 위에 뭔가 하나를 더 붙인다는 의미로 '게다가, 그뿐만 아니라'라는 의미예요. 그리고 식당이나 카페에 사람이 많아서 기다려야 하는 상황에서 wait in line(줄서서 기다리다)라는 표현이 활용된 You have to wait in line이라는 말도 직원에게 자주 들을 수 있는 표현이니 알아두세요.

You should consider coming here early.

‣ 이곳에 빨리 와야 할 것 같아요.

consider는 '고려하다'라는 의미의 동사예요. 뒤에 '동사+ing'가 붙으면
'~하는 것을 고려하다, 생각해 보다'라는 의미랍니다. 인기 메뉴가
품절되기 전에 빨리 방문하는 것이 좋을 거라고 말해주는 문장이에요.

I can't wait to try this!

‣ 이것을 빨리 먹어보고 싶어요!

can't wait을 직역하면 '기다릴 수 없다', 즉 '~가 너무 기대된다'라는
의미예요. 기대되는 행동이나 무언가를 구체적으로 말할 때는 뒤에
'to+동사원형'이나 'for+명사' 형태를 써서 나타내요. try(먹어보다)
동사를 써서 맛있는 음식을 빨리 먹어보고 싶다는 기대감을 나타낼 수
있어요.

더 알아두면 좋을 식당 영어 표현 (Tip) ✈

▷ This is not what I ordered. 이건 제가 주문한 게 아니에요.

▷ My order hasn't come out yet. 메뉴가 아직 안 나왔어요.

▷ The steak is overcooked. 스테이크가 너무 익었어요.

Practice ✈

다음 우리말에 맞게 단어를 나열하여 영작해 보세요.
정답을 확인한 다음 여행지에서 내가 쓸 표현을 골라 박스에 체크 표시를 해보세요.

☐ 1. 거의 다 온 거 같아요.
   (think, I, there, almost, I'm)

_____

☐ 2. 그거면 됐어요.
   (that, be, will, it)

_____

☐ 3. 메뉴가 아직 안 나왔어요.
   (hasn't, yet, my, out, order, come)

_____

☐ 4. 이건 제가 주문한 게 아니에요.
   (I, is, ordered, this, what, not)

_____

☐ 5. 이것을 빨리 먹어보고 싶어요!
   (wait, I, this, to, can't, try)

_____

NEW YORK

현지 영상 맛보기

지역 맛집이 한 곳에!

오늘의 여행 TIP

☑ 잡지 에디터가 글을 큐레이팅하듯 해당 도시에서만 즐길 수 있는 맛집, 로컬 레스토랑이 모여있음

☑ 푸드코드 형태로 한 곳에서 음식, 디저트, 음료 등을 다양하게 즐길 수 있음

☑ 브루클린 지점에는 뉴욕 3대 베이글 중 하나인 Ess-a-bagel 입점

☑ Brooklyn Bridge와 Dumbo 근처에 위치

About Time Out Market

주소

55 Water St, Brooklyn, NY 11201

영업시간

일-목 08:00-22:00, 금-토 08:00-23:00

가는 법

York St 역에서 도보 8분 거리

함께 방문하면 좋을 곳

Brooklyn Bridge Park

- 롤러스케이트, 축구, 배구 등을 즐길 수 있는 다양한
  스포츠 시설 존재
- 브루클린 브릿지와 맨해튼 브릿지를 여유롭게 구경할 수
  있는 Pebble beach가 있음
- 직접 나무로 조각한 100년의 역사를 지닌 제인의
  회전목마(Jane's Carousel)가 있음
- 테이블과 그릴을 무료로 사용할 수 있는 피크닉
  페닌슐라(Picnic Peninsula)도 있어서 BBQ 파티 가능

Date 20 . .

It really depends on where you're staying.
‣ 어디에 묵고 있는지에 따라 달라요.

It depends on는 '~에 달려있다, ~에 따라 다르다'라는 표현으로 뒤에
where you're staying(어디에 묵고 있는지)를 붙여서 목적지까지 가는
데 걸리는 시간이 묵고 있는 위치에 따라 다르다는 것을 말할 때 사용하는
문장이에요.

So conflicted, right now.
‣ 지금 너무 고민되네요.

conflicted는 '고민되는, 갈등하는'이라는 의미예요. '~에 대해서
고민된다고' 할 때는 with와 함께 쓸 수 있어요. 메뉴를 고를 때 선택권이
너무 많아서 고민되는 상황에 I'm so conflicted! (너무 고민돼!)라고 말해
보세요.

For here.
‣ 여기서 먹을게요.

For here or to go?는 '여기서 드실 건가요, 포장하실 건가요?'라는
표현인데요. 흔히 알고 있는 take out(테이크 아웃)은 콩글리시랍니다.
포장하여 음식을 먹고 싶다면, To go, please이라고 하고, 먹고 갈 거라면
For here, please라고 말하세요.

Could I possibly get a receipt, please?

‣ 혹시 영수증을 받을 수 있을까요?

Can/Could I possibly ~?은 '혹시 ~ 할 수 있을까요?'라는 의미예요. 조심스럽고 공손하게 요청이나 허락을 구할 때 쓸 수 있답니다. 추가로 '영수증'을 뜻하는 receipt에서 p가 묵음이어서 [리씨ㅌ]으로 발음한다는 점을 기억하세요!

더 알아두면 좋을 식당 영어 표현 Tip

▷ Can I get this wrapped up?
이것 좀 포장해 주시겠어요?

▷ Can I get a to-go box for this?
포장해 갈 수 있는 박스 좀 주시겠어요?

▷ Could we have separate bills?
계산서 따로 받을 수 있나요?

Practice ✈

다음 우리말에 맞게 단어를 나열하여 영작해 보세요.
정답을 확인한 다음 여행지에서 내가 쓸 표현을 골라 박스에 체크 표시를 해보세요.

☐ 1. 이것 좀 포장해 주시겠어요?
　　(get, wrapped, can, this, I, up)

_____

☐ 2. 계산서 따로 받을 수 있나요?
　　(we, bills, could, separate, have)

_____

☐ 3. 여기서 드실 건가요, 포장하실 건가요?
　　(or, here, go, for, to)

_____

☐ 4. 혹시 영수증을 받을 수 있을까요?
　　(I, please, a, get, could, receipt, possibly)

_____

☐ 5. 포장해 갈 수 있는 박스 좀 주시겠어요?
　　(can, for, get, a, to-go, this, box, I)

_____

NEW YORK

현지 영상 맛보기

뉴욕 대표
크리스마스 마켓

오늘의 여행 TIP

☑ 100개 이상의 부스에서 각종 먹거리, 장식품, 기념품 판매

☑ 평소에는 각종 야채와 과일은 파는 그린마켓

☑ 크리스마스와 연말 기간에는 홀리데이 마켓

☑ 애플 사이더로 유명한 브리지 힐 오차드 (Breezy Hil Orchard) 입점

☑ 뉴욕 유명 우크라이나 브런치 맛집 베셀카(Veselka) 입점

About Union Square

주소

Union Sq W & E 17th St, New York, NY 10003

영업시간

월, 수, 금, 토 08:00-18:00 (그린마켓), 크리스마스 마켓 영업시간은 매년 상이

가는 법

14th St-Union Sq역에서 도보 1분 거리

함께 방문하면 좋을 곳

Grand Central Holiday Fair

- 세계에서 가장 큰 기차역으로 알려진 그랜드
  센트럴 터미널 안에 총 30~40개의 상점이 입점
- 추운 날씨와 상관없이 실내에서 따뜻하게
  크리스마스 마켓을 즐길 수 있는 곳

Date 20   .   .

I want to go all the way in!
▸ 저기 안쪽까지 들어가 보고 싶어요!

all the way는 '내내, 처음부터 끝까지'라는 의미예요. 관광지에서 좀 더
안쪽까지 들어가서 구경하고 싶을 때 사용할 수 있는 문장이에요. all에
강세를 줘서 말하면 더욱 자연스러워요.

Come along. I wanna go to that side.
▸ 따라와. 나 저쪽도 구경하고 싶어.

along이라는 전치사는 '누군가와 함께'라는 뉘앙스를 가지고 있어요.
그래서 Come along은 '따라오다, 따라간다'라는 의미예요. 그리고
관광지에서 다른 쪽도 구경하고 싶다고 말할 때는 I wanna go to that
side와 같이 말할 수 있어요.

Can I see that corgi beanie?
▸ 웰시코기 비니 볼 수 있을까요?

Can I see~?는 '~를 볼 수 있나요?'라는 표현이에요. 해외 쇼핑 중에
물건을 보여달라고 말할 때 쓸 수 있는 표현이랍니다!

Do you have more colors other than gray?

‣ 회색 말고 다른 색도 있나요?

쇼핑할 때 내가 사고 싶은 물건이 다른 색도 있는지 궁금할 때 이렇게 말할 수 있어요. '(상품 등이) 들어오다'라는 의미인 come in을 활용하여 Does this come in a different color ~?(이거 ~색으로 나와요?)로도 말할 수 있으니 함께 알아두세요!

더 알아두면 좋을 관광지 영어 표현 Tip

▷ Where is the ticket office?
매표소 어디예요?

▷ Where is the subway station?
지하철역은 어디예요?

▷ Where is the exit?
출구가 어디예요?

Practice ✈

다음 우리말에 맞게 단어를 나열하여 영작해 보세요.
정답을 확인한 다음 여행지에서 내가 쓸 표현을 골라 박스에 체크 표시를 해보세요.

☐ 1. 매표소 어디예요?
  (the, office, where, ticket, is)

  _____

☐ 2. 출구가 어디예요?
  (the, where, exit, is)

  _____

☐ 3. 웰시코기 비니 볼 수 있을까요?
  (I, corgi beanie, that, see, can)

  _____

☐ 4. 이거 다른 색으로 있어요?
  (this, come, color, does, in, a, different)

  _____

☐ 5. 지하철역은 어디예요?
  (subway, where, the, is, station)

  _____

NEW YORK

현지 영상 맛보기

명품 쇼핑의 중심지

오늘의 여행 TIP

☑ 명품 브랜드와 Bergdorf Goodman, Saks Fifth Avenue과 같은 고급 백화점이 밀집

☑ 엠파이어 스테이트 빌딩, 트럼프 타워, 록펠러 센터 등 고층 빌딩이 많음

☑ 화려한 빌딩 사이에 자리 잡은 가톨릭 성당 St. Patrick's Cathedral

About 5th Avenue

주소

5th Ave, Brooklyn, NY 10118-4810

영업시간

가게마다 상이

가는 법

5 Av & 59 St 역에서 도보 3분 거리(Bergdorf Goodman 기준)

함께 방문하면 좋을 곳

The LEGO Store Fifth Avenue

- 뉴욕의 노란 택시, 자유의 여신상, 록펠러 센터,
  마블 히어로 캐릭터 등을 레고로 제작하여 전시
- 88,000개로 제작된 나무 구조물인 Tree of
  Discovery가 유명
- 자신만의 레고를 직접 디자인해서 구입할 수 있는
  Minifigure Factory, 자신의 얼굴로 4천 피스의
  모자이크 레고를 만들 수 있는 Mosaic Maker가
  있음

I've never visited the Trump Tower before.

▸ 트럼프 타워를 처음 와봐요.

'I've never 과거분사'는 '한 번도 ~해 본 적이 없다'라는 현재완료 시제 표현이에요. 과거에 어떤 일을 했거나 경험해 보지 않았음을 표현할 때 사용해요. 즉, 여행하면서 처음 가보는 곳에 대해 말할 때 사용할 수 있어요. '전에 ~ 해 본 적 없다'를 강조하기 위해 before와 자주 쓰인답니다.

I thought that I'd be able to shop.

▸ 저는 쇼핑을 할 수 있을 거라 생각했어요.

'~할 수 있을 줄 알았다'는 'I thought (that) I'd be able to 동사원형' 패턴으로 말할 수 있고 기대하거나 예상한 일을 하지 못했을 때 실망감을 말할 때 쓴답니다. 뉴욕 여행 브이로그에서는 크리스마스 시즌이라 문을 열지 않은 상점들이 많아 쇼핑을 하지 못한 실망감을 표현하는 문장이에요.

It's around this time of the year!

▸ 이맘때가 돌아왔네요!

time of the year은 '매년 이맘때'라는 표현으로 '1년 중 이맘때 ~ 하다'라고 말할 때 써요. 정확히 어떤 때인지는 문맥에 따라 다르겠지만, 주로 연말에 이 표현을 사용하곤 해요.

I'm really bummed about it.

‣ 너무 아쉽네요.

내 기대와 다른 상황에서 실망감을 표현할 때 쓸 수 있어요. 자주 사용하는 표현인 disappointed와 유사하지만 더 캐주얼한 상황에서 사용해요. 뉴욕 여행 브이로그에서는 쇼핑을 하지 못한 상황을 be bummed (out) about(~에 대해 실망하다, 상심하다)라는 표현을 활용해서 나타냈어요.

더 알아두면 좋을 관광지 영어 표현 Tip

▷ Do you offer any discounts for seniors?
노인 할인되나요?

▷ Can I get a student discount?
학생 할인되나요?

▷ How much is it for children?
어린이 요금은 얼마죠?

Practice

다음 우리말에 맞게 단어를 나열하여 영작해 보세요.
정답을 확인한 다음 여행지에서 내가 쓸 표현을 골라 박스에 체크 표시를 해보세요.

☐ 1. 트럼프 타워를 처음 와봐요.
　(never, the, visited, Trump Tower, I've, before)

_____

☐ 2. 학생 할인되나요?
　(get, discount, a, I, student, can)

_____

☐ 3. 이맘때가 돌아왔네요!
　(time, around, of, It's, year, this, the)

_____

☐ 4. 어린이 요금은 얼마죠?
　(for, is, children, much, it, how)

_____

☐ 5. 노인 할인되나요?
　(seniors, you, discounts, for, any, do, offer)

_____

NEW YORK

현지 영상 맛보기

해리 포터 마니아의 성지

오늘의 여행 TIP

- ☑ 마법 영화 '해리 포터'의 공식 플래그십 스토어

- ☑ 해리 포터, 신비한 동물 사전 시리즈 등 총 15개의 테마와 관련된 모든 굿즈 판매

- ☑ 영화에서 실제 사용한 소품도 구경할 수 있음

- ☑ 해리 포터 테마 VR 체험도 가능

- ☑ 주말에는 웨이팅이 1~2시간이니 평일 방문 추천

About Harry Potter New York

주소

935 Broadway, New York, NY 10010

영업시간

월-일 09:00-21:00

가는 법

23rd St 역에서 도보 1분 거리

~~~~~

함께 방문하면 좋을 곳

Flatiron Building

- 총 87m의 높은 건물이지만 건물의 가장 좁은 폭이 2m에 불과
- 생긴 모양이 다리미를 닮았다고 하여 Flatiron(평평한 다리미)라고 불림

Madison Square Park

- 수제햄버거 Shake Shack(셰이크 섁)의
  본점이 위치한 곳
- 강아지들을 위한 공간이 잘 마련되어 있어
  강아지들의 천국이라고 불림

[Flatiron Building]

Date 20 . .

Moving on.
‣ 다음으로 넘어가 봐요.

Move on은 '새로운 장소, 이야기, 주제로 넘어가다'라는 표현이에요.
쇼핑할 때 다음 섹션/장소로 이동할 때 말할 수 있는 표현이에요. Get
a move on! 처럼 move가 명사로 쓰일 경우에는 '서둘러!'라는 의미로
쓰이기도 한답니다.

Not gonna lie.
‣ 솔직히 말하는 거예요.

Not gonna lie를 직역하면 '거짓말하는 게 아니고' 즉, '솔직히
말해서'라는 의미예요. 흔히 알고 있는 honestly와 같은 의미이지만 더
캐주얼 하게 쓸 수 있는 표현이에요. 채팅에서는 NGL 라고 줄여서
쓰기도 한답니다.

I've always wanted to have this.
‣ 전 항상 이것을 사고 싶었어요.

'I've always wanted to 동사원형'은 '항상/늘 ~를 하고 싶었다'라는
패턴이고, 예전부터 해보고 싶었던 무언가가 있었을 때 쓸 수 있어요.
여기서는 have(가지다)를 써서 '가지고 싶다' 즉, '사고 싶다'를 뜻해요.

Isn't there a telephone booth nearby?

▸ 근처에 공중전화가 있지 않나요?

Is there 명사 nearby? 는 '근처에 ~가 있나요?'라는 표현입니다. 근처에 특정 장소나 물건이 있는지 물어볼 때 사용할 수 있는 패턴이에요. 길이나 장소를 찾을 때 쓸 수 있는 유용한 패턴으로, 만약 여행 중 화장실을 급하게 찾는다면 Is there a restroom nearby?로 말해보세요. 이 패턴을 Isn't there ~ nearby ~?와 같이 부정문으로 물어볼 때는 '근처에 ~가 있지 않나요?'처럼 확신이 있는 상황에서 쓸 수 있답니다.

더 알아두면 좋을 관광지 영어 표현 Tip

▷ Where can I leave my bag?
가방 맡기는 곳이 어디예요?

▷ Where can I buy some souvenirs?
기념품은 어디에서 살 수 있나요?

▷ Where can I find a taxi?
택시는 어디에서 탈 수 있나요?

Practice ✈

다음 우리말에 맞게 단어를 나열하여 영작해 보세요.
정답을 확인한 다음 여행지에서 내가 쓸 표현을 골라 박스에 체크 표시를 해보세요.

☐ 1. 택시는 어디에서 탈 수 있나요?
　　(where, a, can, taxi, find, I)

_____

☐ 2. 전 항상 이것을 사고 싶었어요.
　　(this, to, I've, wanted, have, always)

_____

☐ 3. 가방 맡기는 곳이 어디예요?
　　(I, leave, where, my, can, bag)

_____

☐ 4. 근처에 화장실이 있나요?
　　(nearby, is, restroom, there, a)

_____

☐ 5. 기념품은 어디에서 살 수 있나요?
　　(can, I, where, some, souvenirs, buy)

_____

NEW YORK

Unit. 17 Times Square

현지 영상 맛보기

잠들지 않는 뉴욕의 심장

115

오늘의 여행 TIP

☑ 42번가, 7번가, 브로드웨이가 만나는 삼각지대

☑ 형형색색의 수많은 LED 전광판을 볼 수 있음

☑ Disney Store, M&M's Store, Hershey's Chocolate World가 가장 유명

☑ 매년 새해맞이 Ball Drop 카운트다운 행사가 열림

About Times Square

주소

7th Ave, 42-49th St, New York, NY10036

영업시간

가게마다 상이

가는 법

Times Sq, 42nd St 역에서 하차(중심거리)

함께 방문하면 좋을 곳

Broadway

- 세계에서 뮤지컬로 가장 유명한 도시인 뉴욕을
  제대로 느낄 수 있는 곳
- 위키드, 라이온 킹, 시카고, 오페라의 유령 등
  유명한 뮤지컬 작품을 볼 수 있는 곳
- 유명 작품들은 미리 온라인 예약 필수
- 연말 시즌에는 '뉴욕 브로드웨이 위크'에 맞춰
  예약하면 저렴한 가격에 예약 가능, 예약은 뉴욕
  관광청 공식 웹사이트 이용

I can confidently say that Times Square is my favorite spot.

▸ 타임스퀘어는 제가 제일 좋아하는 장소라고 장담할 수 있어요.

I can confidently say that ~은 '~를 자신 있게 말할 수 있어요, ~라고 장담할 수 있어요'라는 표현이에요. 나의 의사나 생각을 표현할 때 사용해요.

Do you want to take a picture?

▸ 사진 찍으실래요?

take a picture는 '사진을 찍다'라는 표현이에요. 사진을 찍는 구체적인 대상을 말하고 싶다면 'of 사람/사물'을 붙이면 돼요. 여행 시 사진을 찍어달라고 부탁할 때도 take a picture 표현을 활용해서 Could you take a picture of me?라고 말할 수 있으니 알아두세요.

It's better to play safe.

▸ 조심하는 게 좋잖아요.

play (it) safe를 직역하면, '안전하게 놀다' 즉, '조심스럽게 행동하다'라는 표현이에요. 위험을 감수하지 않고 몸을 사리며 행동할 때 쓸 수 있는 표현이랍니다.

It's jammed.

‣ 너무 붐벼요.

jammed은 '몹시 붐비는, 꼼짝도 할 수 없는'이라는 표현이에요.
사람들이 너무 많아 움직이기 힘들고 붐비는 상황에서 쓸 수 있어요.
문장 뒤에 with를 써서 무엇으로 붐비는지 구체적으로 말할 수도
있답니다.

I don't know whether it's going to happen.

‣ 할지 말지 모르겠네요.

I don't know whether/if는 '~인지 아닌지 모른다'라는 의미예요. 확신이
서지 않은 일에 대해 말할 때 쓸 수 있어요. whether 뒤에는 문장이 나올
수도 있고 'to+동사원형'을 사용할 수도 있답니다.

더 알아두면 좋을 관광지 영어 표현 Tip ──────────✈

▷ How far is it from here? 여기서 얼마나 머나요?

▷ Could you tell me how to get there?
그곳에 어떻게 가는지 알려줄 수 있나요?

▷ How long does it take to get there? 거기까지 가는 데 얼마나 걸려요?

Practice ✈

다음 우리말에 맞게 단어를 나열하여 영작해 보세요.
정답을 확인한 다음 여행지에서 내가 쓸 표현을 골라 박스에 체크 표시를 해보세요.

☐ 1. 그곳에 어떻게 가는지 알려줄 수 있나요?
　　 (to, there, coud, get, me, how, tell, you)

＿＿＿＿＿＿＿＿＿＿＿＿＿＿＿＿＿＿＿＿＿＿＿＿＿＿＿

☐ 2. 사진 좀 찍어주시겠어요?
　　 (could, picture, take, please, you, a, of, me)

＿＿＿＿＿＿＿＿＿＿＿＿＿＿＿＿＿＿＿＿＿＿＿＿＿＿＿

☐ 3. 타임스퀘어는 제가 제일 좋아하는 장소라고 장담할 수 있어요.
　　 (favorite, can, that, confidently, my, Time Square, I, is, say,
　　　spot)

＿＿＿＿＿＿＿＿＿＿＿＿＿＿＿＿＿＿＿＿＿＿＿＿＿＿＿

☐ 4. 거기까지 가는 데 얼마나 걸려요?
　　 (there, long, it, get, does, how, to, take)

＿＿＿＿＿＿＿＿＿＿＿＿＿＿＿＿＿＿＿＿＿＿＿＿＿＿＿

☐ 5. 여기서 얼마나 머나요?
　　 (far, from, it, how, is, here)

＿＿＿＿＿＿＿＿＿＿＿＿＿＿＿＿＿＿＿＿＿＿＿＿＿＿＿

NEW YORK

현지 영상 맛보기

알록달록한
초콜릿의 천국

121

오늘의 여행 TIP

☑ Times Square에 방문한다면 필수 코스!

☑ 총 3개의 층에 M&M's 초콜릿과 각종 기념품을 판매

☑ 초콜릿을 원하는 만큼 봉투에 담을 수 있는 커스텀 초콜릿

☑ 자신의 이름이나 원하는 문구도 새길 수 있음

☑ M&M 캐릭터로 만든 자유의 여신상 굿즈, 조형물도 있음

About M&M's Store

주소

1600 Broadway, New York, NY 10019

영업시간

월-일 10:00-22:00

가는 법

49 St 역에서 도보 1분 거리

함께 방문하면 좋을 곳

Hershey's Chocolate World

- 초콜릿 전문 회사 허쉬의 플래그십 스토어
- 허쉬, 케네스, 킷캣, 리세 니스, 트위즐러 등 다양한 자사 브랜드 제품을 판매
- 뉴욕 매장 한정, 세상에서 제일 큰 허쉬 초콜릿 바 같은 한정 초콜릿 제품 구매 가능
- 매장 내 카페에서 허쉬 초콜릿으로 만든 다양한 디저트도 판매

Date 20 . .

Is it supposed to be a magnet?

▸ 이거 원래 냉장고 자석인가요?

으레 그렇다고 믿고 있는 바를 말하거나 규칙, 약속 등 예정된 일을 말할 경우 be supposed to ~(원래 ~이다, ~하기로 되어 있다)라는 표현을 사용해요.

Do you want me to film you?

▸ 사진 찍어드릴까요?

'Do you want me to 동사원형 ~?'을 직역하면 '제가 ~ 하길 원하시나요? 즉, '제가 ~ 할까요?'라는 의미입니다. 내가 어떤 일을 하는 것을 상대방이 원하는지 물을 때 사용할 수 있는 패턴이에요. 같이 여행하는 친구에게 혹은 여행지에서 만난 상대방에게 사진을 찍어줄지 물어볼 때 사용할 수 있어요.

Get whatever you want.

▸ 원하는 것 다 고르세요.

whatever은 '무엇이든'이라는 뜻이에요. 그래서 whatever you want는 '네가 원하는 무엇이든 상관없이'라는 표현이랍니다. whatever you want 앞 get 동사 대신에 do, choose, eat, buy 등 다양하게 붙여서 '네 맘대로 ~ 하다'라고 다양하게 사용할 수 있어요. 단독으로 사용하면, '네가 원하는 대로 해!'라는 의미예요.

May I take a video?

‣ 동영상 촬영을 해도 될까요?

관광지에서 동영상을 촬영해도 되는지 허락을 구해야 하는 상황에서는
May I ~?(~해도 될까요?) 패턴을 활용해요. 정중하게 상대방의 허락을
구할 수 있는 패턴이니 다양한 상황에서 사용할 수 있어요.

더 알아두면 좋을 관광지 영어 표현 　Tip

▷ Can I get a brochure?
팸플렛 하나 받을 수 있나요?

▷ Where is the cloakroom?
휴대품 보관소가 어디인가요?

▷ What time does the show start?
그 공연은 몇 시에 시작하나요?

Practice ✈

다음 우리말에 맞게 단어를 나열하여 영작해 보세요.
정답을 확인한 다음 여행지에서 내가 쓸 표현을 골라 박스에 체크 표시를 해보세요.

☐ 1. 사진 찍어드릴까요?
　　(me, want, do, film, you, to, you)

_____

☐ 2. 팜플렛 하나 받을 수 있나요?
　　(a, can, I, brochure, get)

_____

☐ 3. 그 공연은 몇 시에 시작하나요?
　　(time, show, what, start, the, does)

_____

☐ 4. 동영상 촬영을 해도 될까요?
　　(video, may, take, a, I)

_____

☐ 5. 휴대품 보관소가 어디인가요?
　　(is, cloakroom, where, the)

_____

NEW YORK

현지 영상 만나기

뉴욕 크리스마스 명소

127

오늘의 여행 TIP

☑ 맨해튼 5번가 일대의 19개 빌딩으로 구성된 복합 시설

☑ 매년 겨울 5만 개 이상의 LED로 장식되어 있는 대형 트리가 설치됨

☑ 겨울에는 실외 아이스 링크가 설치됨

☑ GE 빌딩의 꼭대기 70층에 탑 오브 더 락 전망대가 있음

☑ 엠파이어 스테이트 빌딩과 뉴욕 전망을 한눈에 볼 수 있음

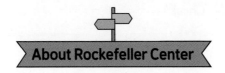

About Rockefeller Center

주소

45 Rockefeller Plaza, New York, NY 10111

영업시간

24시간 연중 오픈

가는 법

47-50 Sts-Rockefeller Ctr 역에서 도보로 3분 거리

함께 방문하면 좋을 곳

Bryant park winter village

- 아이스링크를 비롯해 범퍼카, 이글루, 크리스마스 상점 운영
- 뉴욕에서 유일하게 무료입장이 가능한 아이스 링크장
- 개인 스케이트를 들고 올 수도 있고, 스케이트 대여도 가능
  ($15~$50)
- 브라이언트 파크 공식 홈페이지에서 입장 예약 가능

Date 　 20 ． ．

How long did it take?

‣ 얼마나 걸렸나요?

얼마나 시간이 걸리는지 물어볼 때는 '얼마나 오래'의 how long과 '(얼마의 시간이) 걸리다'의 take를 써요. 걸린 시간을 물어보는 표현에서 주어는 항상 it을 쓰고 어떤 행동을 하는 데 걸리는 시간을 물어볼 때는 뒤에 'to+동사원형'을 붙여 말해요. 여행지에서 거기까지 가는 데 얼마나 걸리는 지를 물어본다면 How long will it take to get there?로 물어볼 수 있어요.

That's the place I love the most.

‣ 그게 제가 가장 좋아하는 장소예요.

I love the most는 '내가 가장 좋아하는'이라는 의미예요. 앞에 명사를 붙여서 내가 가장 좋아하는 무언가에 대해 강조하며 말할 수 있답니다.

This is insane.

‣ 진짜 말도 안 되네요.

insane은 원래 '제정신이 아닌'이라는 의미를 가지고 있어요. 하지만 This is insane! 는 지나치게 좋거나 나쁜 상황에 대해 감탄하는 표현이에요. 록펠러 센터와 같은 인기 여행지에 많은 사람들이 있어서 놀란 상황을 강조하는 표현이에요.

It makes sense.

▸ 말이 돼요.

make sense는 '어떤 상황이 말이 되다, 일리가 있다'라는 표현이에요.
It makes sense. 라고 it을 넣으면, '이해가 되네, 말 되네'라는 의미로
사용할 수 있어요.

더 알아두면 좋을 관광지 영어 표현

▷ What are the business hours?
영업시간이 언제예요?

▷ What time is the departure?
출발이 언제예요?

▷ Do I need a reservation for the tour?
투어하려면 예약이 필요한가요?

Practice ✈

다음 우리말에 맞게 단어를 나열하여 영작해 보세요.
정답을 확인한 다음 여행지에서 내가 쓸 표현을 골라 박스에 체크 표시를 해보세요.

☐ 1. 거기까지 가는 데 얼마나 걸려요?
　　(long, it, will, there, how, take, to, get)

　　──────────────────────────────

☐ 2. 투어하려면 예약이 필요한가요?
　　(a, I, need, do, the, reservation, for, tour)

　　──────────────────────────────

☐ 3. 진짜 말도 안 되네요.
　　(insane, is, this)

　　──────────────────────────────

☐ 4. 출발이 언제예요?
　　(departure, what, the, is, time)

　　──────────────────────────────

☐ 5. 영업시간이 언제예요?
　　(what, the, hours, business, are)

　　──────────────────────────────

NEW YORK

현지 영상 맛보기

자유와 희망, 민주주의의 상징

REC ●

08:12:15

오늘의 여행 TIP

- ☑ 자유의 여신상은 맨해튼과 떨어진 리버티 섬에 위치

- ☑ 맨해튼의 Battery Park나 뉴저지의 Liberty State Park에서 멀리서 관람할 수 있음

- ☑ 크루즈/페리를 통해서 리버티 섬 내부로 들어가서 관람하거나 배에서 관람할 수 있음

- ☑ White hall Ferry Terminal에서 왕복 무료 페리 탑승 가능

- ☑ 다른 관광지와 함께 관람할 수 있는 유료 페리 투어 인당 $35 ~ 50

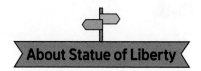

About Statue of Liberty

- 오른손엔 횃불, 왼손에는 독립 선언서! 세계를 밝히는 자유라는 의미
- 높이는 93m, 무게는 무려 240t, 머리에 올려진 왕관은 7개의 대륙을 의미
- 자유의 여신상 안으로 올라가서 뚫린 왕관 틈으로 뉴욕의 전경을 볼 수 있음
- 구리로 제작되어 원래는 갈색이었지만 시간이 지나며 청록색으로 변함

함께 방문하면 좋을 곳

Ellis Island National Museum of Immigration

- 자유의 여신상 크루즈 페리 투어에 엘리스 섬 입장도 포함되어 있는 경우가 많아 함께 방문 추천
- 세계 최대의 이민국, 미국의 이민 역사를 확인할 수 있는 곳
- 이곳은 예전에 미국으로 들어오는 이민자들이 반드시 거쳐야 하는 입국 심사대가 위치해 있었음
- 이민자들의 모습을 영상과 사진으로 확인 가능

Date) 20 . .

I'm on my way to liberty cruise.

‣ 자유의 여신상 크루즈에 가고 있어요.

'~에 가는 중이다'라고 말할 때 'I'm going to 장소'라고도 말할 수
있지만, 원어민들은 'on one's way to 장소'라는 표현도 많이 써요.
on my/her/his way로 다양하게 표현이 가능해요.

By any chance, do you know why the line is divided into two?

‣ 줄이 왜 두 개로 나뉘었는지 혹시 아시나요?

관광지에서 어느 줄에 서야 할지 몰라 물어보는 상황에서 사용할 수 있는
표현이에요. By any chance는 '저기 혹시'라는 의미로, 공손함을 담아
말할 수 있고 do you know ~ 패턴 뒤에 궁금한 내용을 붙여 활용할
수 있어요. 이때 질문하는 내용에 따라 why 대신에 how와 같은 다른
의문사를 활용해서 물어볼 수 있어요.

I have no clue.

‣ 전혀 모르겠어요.

clue는 '단서'라는 의미예요. 이 표현을 직역하면 '단서가 전혀
없어요'라는 뜻으로 무언가에 대해 전혀 모르겠음을 강조할 때 쓸 수 있는
표현이에요. clue 대신에 idea로도 바꿔 말할 수 있어요.

Welcome aboard!

▸ 탑승을 환영합니다!

welcome은 '환영하다', aboard는 '승선한'이라는 의미로, Welcome aboard는 '(배나 비행기에) 탑승을 환영합니다'라는 표현이에요. 외국 항공기에 타거나, 크루즈 여행을 할 때 승무원들에게 들을 수 있는 표현이에요. 그리고 '같은 배에 탔다'라는 뉘앙스로 입학, 입사, 입단 등을 환영할 때 쓰기도 한답니다.

더 알아두면 좋을 관광지 영어 표현 Tip

▷ Are there any tourist attractions nearby?
근처에 관광 명소가 있나요?

▷ Can you recommend a good restaurant nearby?
근처에 좋은 음식점을 추천해 주실 수 있나요?

▷ Are there any nice bars around here?
이 주변에 괜찮은 술집 있나요?

Practice ✈

다음 우리말에 맞게 단어를 나열하여 영작해 보세요.
정답을 확인한 다음 여행지에서 내가 쓸 표현을 골라 박스에 체크 표시를 해보세요.

☐ 1. 자유의 여신상 크루즈에 가고 있어요.
　　(cruise, my, I'm, on, liberty, to, way)

_____

☐ 2. 근처에 관광 명소가 있나요?
　　(there, nearby, any, attractions, are, tourist)

_____

☐ 3. 전혀 모르겠어요.
　　(have, clue, I, no)

_____

☐ 4. 탑승을 환영합니다!
　　(aboard, welcome)

_____

☐ 5. 근처에 좋은 음식점을 추천해 주실 수 있나요?
　　(can, nearby, recommend, a, good, you, restaurant)

_____

NEW YORK

Unit. 21 Brooklyn Bridge

현지 영상 만나기!

뉴욕 맨해튼과 브루클린을 잇는 아름다운 다리

오늘의 여행 TIP

☑ 브루클린에서 맨해튼 방향으로 걷는 것이 뉴욕 뷰를 감상하기에 더 좋음

☑ 다리를 건너는데 약 40 ~ 50분 소요

☑ 뉴욕 시티 바이크를 대여해 다리를 건너는 것도 추천!

About Brooklyn Bridge

주소
Brooklyn Bridge, New York, NY 10038

영업시간
연중무휴

가는 법
High st 역에서 도보 5분 거리

함께 방문하면 좋을 곳

Dumbo

- Dumbo는 'Down Under the Manhattan Bridge Overpass'의 약자
- 붉은 벽돌 집 사이로 맨해튼 브릿지를 볼 수 있는 포토 스팟
- 예능 프로그램 '무한도전' 화보 촬영으로 한국인들에게 유명해진 곳
- 사진을 찍으려는 인파가 많기 때문에 이른 오전 방문 추천

Dumbo is not that special.
▸ 덤보는 그렇게 특별한 곳은 아니에요.

형용사 앞에 쓰이는 that은 '그렇게, 그 정도'라는 의미를 가지고 있어요. 주로 'not that 형용사' 패턴으로 쓰여 '그렇게 ~한 건 아니다'라는 의미로 쓰인답니다. 생각했거나 예상한 것보다 무언가의 정도가 낮을 때 쓸 수 있는 표현이에요.

It's a minute walk.
▸ 걸어서 1분 거리예요.

'걸어서 몇 분 거리예요'라고 말할 땐 'It's a 숫자 minute walk' 표현을 써 보세요. 추가로 '얼마의 시간이 걸리다'를 It takes ~ 패턴으로도 말할 수 있어요. 마지막에 '걸어서'를 뜻하는 on foot을 붙여서 'It takes + 시간 + on foot'도 같은 의미의 문장이에요.

What would you recommend?
▸ 추천 좀 해주시겠어요?

상대에게 추천을 부탁하는 표현이에요. 어떤 것을 먹을지, 고를지 고민될 때는 직원에게 이렇게 물어볼 수 있답니다! 유사한 표현으로 Do you have any recommendations? 도 있어요.

What size would you like?

‣ 어떤 사이즈로 하시겠어요?

카페에서 음료를 주문할 때, 사이즈를 고르라고 직원이 물어보는
표현입니다. 카페마다 사이즈명이 다르지만 일반적으로 small, medium,
large가 있어요. '~ 사이즈로 주세요'는 'I'd like a 사이즈 + 음료
이름'이라고 말하면 돼요.

더 알아두면 좋을 관광지 영어 표현 Tip

▷ Could you please call a taxi for me?
   택시를 불러주실 수 있나요?

▷ Can I get some directions?
   길 좀 알려주시겠어요?

▷ Can I go there on foot?
   거기 걸어서 갈 수 있나요?

Practice ✈

다음 우리말에 맞게 단어를 나열하여 영작해 보세요.
정답을 확인한 다음 여행지에서 내가 쓸 표현을 골라 박스에 체크 표시를 해보세요.

☐ 1. 거기 걸어서 갈 수 있나요?
   (I, there, can, go, on, foot)

   _____

☐ 2. 걸어서 1분 거리예요.
   (a, It's, walk, minute)

   _____

☐ 3. 추천 좀 해주시겠어요?
   (you, any, have, recommendations, do)

   _____

☐ 4. 어떤 사이즈로 하시겠어요?
   (would, what, you, size, like)

   _____

☐ 5. 택시를 불러주실 수 있나요?
   (taxi, you, for, call, a, could, please, me)

   _____

NEW YORK

현지 영상 맛보기

전세계 현대 미술 영향력 NO.1

REC ● ▮▮▮▮

오늘의 여행 TIP

☑ 반 고흐, 모네, 피카소 등 현대 미술 거장들이 모여있는 곳

☑ 건축, 디자인, 필름 등 다양한 작품들을 약 20만 점 소장

☑ 유명한 작품이 있는 5층부터 역순 관람 추천!

☑ 앱에서 무료로 한국어 오디오 가이드 제공

☑ 현대카드 플래티넘 이상 고객의 경우 동반 1인 무료 입장

About MoMa

주소

11 W 53rd St, New York, NY 10019

영업시간

월—금 10:30 – 17:30, 토 10:30 – 19:00

가격

어른 $25, 학생 $14, 16세 이하 무료

가는법

5 Ave—53St 역에서 도보 3분 거리

함께 방문하면 좋을 곳

American Museum of Natural History

- 영화 '박물관이 살아있다'의 배경인 곳
- 지구의 역사와 인류의 진화를 확인 가능한 곳
- 특히 다양한 공룡 화석과 동물 표본을 관찰 가능
- 그 중에서 영화에 등장했던 티라노사우루스 화석, 모아이 석상이
  단연 인기
- 입장권 : 어른 $28, 어린이 $16, 학생/노인 $22

Date 20 . .

Do you know where the pamphlet is?

▸ 안내용 책자가 어디 있는지 아세요?

Do you know where ~ is? 는 '~가 어디 있는지 아세요?'라는
표현이에요. 여행지에서 현지인들에게 어떤 장소나 대상이 어디 있는지
물어볼 때 쓸 수 있는 표현이겠죠? 여기서 주의해야 할 점은 Do you
know where is 장소/대상?이 아니라 Do you know 장소/대상 is?라고
말해야 해요.

All you need to do is scan a QR code.

▸ QR코드를 스캔하기만 하면 돼요.

'All 주어 need to do is 동사원형'은 '~하기만 하면 된다'라는
표현이에요. '다른 것은 안 해도 되고 그저 이것만 하면 돼.'라고 말할 때
쓸 수 있어요. 여기서 need to 대신에 have to를 사용할 수 있어요.

Time to look at all the souvenirs.

▸ 이제 기념품을 볼 시간이에요.

'Time to 동사원형'은 '~할 시간이다'라는 표현이에요. 주로 It's time
to ~ 형태로 사용해요. to 뒤에 할 행동을 동사원형 형태로 붙여 주면
된답니다.

I was wondering whether you have a smaller version of it.

▸ 더 작은 사이즈가 있나요?

a smaller version은 '더 작은 사이즈'라는 의미예요. 작은 사이즈, 큰 사이즈를 말할 때 의류는 주로 size로 표현하지만 그 외의 물건/대상은 version이라고 말하기도 해요. 더 작은 옷 사이즈가 있는지 물어볼 때는 Do you have this in a smaller size?라고 해요.

더 알아두면 좋을 관광지 영어 표현 Tip

▷ Where should I get off to go to City Hall?
시청으로 가려면 어디서 내려야 하나요?

▷ Which bus should I take to go to City Hall?
시청으로 가려면 어느 버스를 타야 하나요?

▷ Which line should I take to go to the park?
공원으로 가려면 몇 호선을 타야 하나요?

Practice ✈

다음 우리말에 맞게 단어를 나열하여 영작해 보세요.
정답을 확인한 다음 여행지에서 내가 쓸 표현을 골라 박스에 체크 표시를 해보세요.

☐ 1. 안내용 책자가 어디 있는지 아세요?
  (do, know, is, pamphlet, the, you, where)

_____

☐ 2. 공원으로 가려면 몇 호선을 타야 하나요?
  (line, take, park, which, I, to, the, should, go, to)

_____

☐ 3. QR코드를 스캔하기만 하면 돼요.
  (QR code, you, is, scan, all, to, a, need, do)

_____

☐ 4. 더 작은 사이즈 있나요?
  (in, smaller, have, a, this, size, you, do)

_____

☐ 5. 시청으로 가려면 어디서 내려야 하나요?
  (to, get, I, to, off, should, go, where, City, Hall)

_____

NEW YORK

Unit. 23 Central Park

현지 영상 맛보기

미국인들이
가장 사랑하는 공원

REC ● 🔋

오늘의 여행 TIP

☑ 뉴욕 맨해튼에 위치한 101만 평의 거대한 도시공원

☑ 미리 공원의 지도를 찾아보고 출발하는 것을 추천

☑ 피크닉을 즐기는 뉴요커들이 있는 Sheep Meadow

☑ 멋진 전경을 관람할 수 있는 전망대 Belvedere castle

☑ 천사 동상 분수 Bethesda Fountain

About Central Park

주소

59–110th St, New York, NY 10022

영업시간

월–일 06:00–01:00

가는 법

59th St. Columbus circle역에서 도보 7분 거리(Sheep Meadow 기준)

함께 방문하면 좋을 곳

Central Park Zoo

- 센트럴 파크 내부에 위치한 동물원
- 디즈니 영화 '마다가스카'의 배경이 된 곳으로
  바다사자, 펭귄, 곰, 원숭이 등 130종의 귀여운
  동물들을 구경 가능
- 펭귄, 바다사자 먹이주기 프로그램도 운영
- 입장권: 어른 $19.95, 어린이 $14.95

Date 20 . .

Check this out.
▸ 이것 좀 보세요.

Check out을 호텔 체크아웃할 때만 쓰지 않으셨나요? Check out은 '확인하다, 살펴보다'라는 의미도 갖고 있어요. 그래서 '이것 좀 봐봐, 여기 좀 둘러봐봐'라는 의미가 되고 관광지에서 멋있는 또는 놀라운 광경을 봤을 때 쓸 수 있는 표현이에요.

No need to stand in line.
▸ 줄을 설 필요가 없어요.

'(There's) no need to 동사원형'은 '~할 필요 없어요'라는 표현이에요. 불필요한 일을 굳이 할 필요가 없다고 말할 때 쓸 수 있어요. 원어민들은 There's를 빼고 'No need to 동사원형' 형태로 많이 사용한답니다.

It's up to you guys.
▸ 여러분 맘대로 하면 돼요.

'be up to 사람'은 '~에게 달려있다'라는 의미예요. 누군가의 선택이나 책임감을 강조하는 표현으로 여기서는 관광지 체험이 개인의 선택에 따라 해도 되고 안 해도 됨을 말해주는 문장이에요. It's up to you(너의 선택에 달려있어)라는 표현 단독으로도 자주 쓰인답니다. 비슷한 표현으로 It depends on you/It's your call도 있으니 같이 기억해두세요!

I'm freezing.

▸ 추워 죽겠어요.

freeze는 '얼다, 얼리다'라는 뜻이에요. 그래서 freezing은 이렇게 너무 추워서 꽁꽁 얼어버릴 것 같을 때 쓸 수 있어요. '너무 추워'를 I'm so cold라고만 말했다면 앞으로 이 표현도 꼭 사용해 보세요!

더 알아두면 좋을 관광지 영어 표현 Tip

▷ Which one takes less time to see?
보는 시간이 적게 걸리는 건 어떤 거죠?

▷ Is it possible to charge my phone here?
여기서 핸드폰을 충전할 수 있을까요?

▷ I think I'm lost.
길을 잃은 것 같아요.

Practice ✈

다음 우리말에 맞게 단어를 나열하여 영작해 보세요.
정답을 확인한 다음 여행지에서 내가 쓸 표현을 골라 박스에 체크 표시를 해보세요.

☐ 1. 보는 시간이 적게 걸리는 건 어떤 거죠?
   (to, less, which, see, takes, one, time)

_____

☐ 2. 줄을 설 필요가 없어요.
   (need, in, stand, no, line, to)

_____

☐ 3. 당신에게 달렸어요.
   (on, you, depends, it)

_____

☐ 4. 여기서 핸드폰을 충전할 수 있을까요?
   (possible, my, it, phone, here, is, to, charge)

_____

☐ 5. 길을 잃은 것 같아요.
   (think, I, lost, I'm)

_____

NEW YORK

현지 영상 맛보기!

뉴욕 여행의 떠오르는 랜드마크

CHELSEA MARKET

TimeOut MARKET NEW YORK

오늘의 여행 TIP

☑ 맨해튼에서 가장 최근에 조성된 동네

☑ 쇼핑몰, 전망대, 공연 예술 시설 등이 있는 복합 문화 공간

☑ 7층 규모의 백화점 The shops at Hudson Yards

☑ 16층 높이의 벌집 모양의 건축물 The Vessel

☑ 더 하이 라인 파크(The high line park)를 통해서 가는 걸 추천!

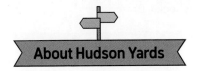

About Hudson Yards

(The shops at Hudson Yards 기준)

주소

20 Hudson Yards, New York, NY 10001

영업시간

월-토 10:00-20:00, 일 11:00-19:00

가는 법

34 St - Hudson Yards 역에서 도보 2분 거리

함께 방문하면 좋을 곳

Edge at Hudson Yards

- 서반구에서 가장 높은 야외 전망대로 30 허드슨 야드 100층에 위치
- 유리 바닥과 360도 유리벽으로 디자인되어 있음
- 세계에서 가장 높은 건물 등반, 시티 클라임(city climb), 겨울에는 하늘 위 아이스링크인, 스카이 스케이트(Sky skate)을 운영
- 전망대 입장료: 어른 $48, 어린이 $43, 노인 $46

Date 20 . .

It's a waste of money.
‣ 돈 아까워

waste는 '낭비, 허비'라는 의미로, a waste of money는 '돈 낭비'라는 표현이에요. money 대신에 time(시간), food(음식), energy(에너지) 등을 쓸 수 있어요

That's the point!
‣ 그게 중요한 거지!

point는 '요점, 핵심'이라는 의미예요. 이 표현은 말하려고 하는 요점이나 중요한 점을 강조할 때 쓸 수 있어요. 부정문으로 That's not the point! 라고 말하면, '내 말은 그게 아니야!, 그게 중요한 게 아니야!'라는 의미로 사용할 수 있어요.

Can I ask you something?
‣ 뭐 좀 물어봐도 될까요?

해외여행 중 가장 많이 사용하는 표현은 아마 '뭐 좀 물어봐도 될까요?'일 거예요. 앞에 Excuse me(실례합니다)를 붙이면 더욱 공손하게 말할 수 있어요. 비슷한 표현으로 May I ask you a question?도 있답니다.

I was wondering whether you have this item.

‣ 혹시 이 제품 있나요?

I was wondering whether/if ~는 '~해도 될까요?, ~를 해주실 수 있을까요?'라는 의미예요. 가능한지 궁금하다고 간접적으로 말하면서 상대방에게 아주 공손하게 부탁하거나 의향을 물어볼 때 쓰는 표현이랍니다.

Do you have both S and XS?

‣ 스몰이랑 엑스 스몰 둘 다 있나요?

Do you have ~?'는 ~를 가지고 있나요?'라는 의미입니다. 'A와 B 둘 다'라는 뜻인 both A and B 표현을 활용해서 사이즈 S와 XS 둘 다 있는지 물어보는 문장이에요. 사이즈 외에도 가게에서 내가 사고 싶은 물건이 있는지 물어볼 때 쓸 수 있는 활용도 높은 패턴이에요.

더 알아두면 좋을 쇼핑 영어 표현 Tip ✈

▷ I'm just browsing. 그냥 구경하고 있어요.

▷ I'm looking for a backpack. 백팩을 보려고 해요.

▷ May I see some perfume? 향수 좀 보여주세요.

Practice

다음 우리말에 맞게 단어를 나열하여 영작해 보세요.
정답을 확인한 다음 여행지에서 내가 쓸 표현을 골라 박스에 체크 표시를 해보세요.

☐ 1. 백팩을 보려고 해요.
(I'm, for, a, looking, backpack)

_____

☐ 2. 스몰이랑 엑스 스몰 둘 다 있나요?
(S, you, do, XS, have, and, both)

_____

☐ 3. 뭐 좀 물어봐도 될까요?
(you, I, may, ask, a, question)

_____

☐ 4. 혹시 이 제품 있나요?
(was, this, I, whether, have, wondering, item, you)

_____

☐ 5. 그냥 구경하고 있어요.
(just, I'm, browsing)

_____

NEW YORK

현지 영상 맛보기

쇼핑 마니아들의 천국

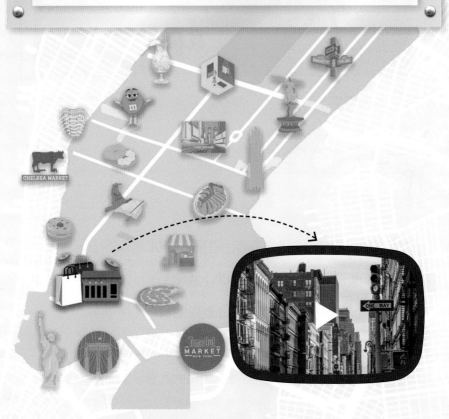

오늘의 여행 TIP

☑ 브로드웨이를 기준으로 서쪽에는 명품, 디자이너 매장

☑ 동쪽 놀리타 지역은 화장품 매장이나 셀렉트숍

☑ 미국에서 가장 큰 나이키 매장도 소호에 위치

☑ 예술의 거리답게 곳곳에 벽화나 그래피티가 있음

☑ 특이하고 고풍스러운 건물 양식인 Cast Iron 빌딩들을 볼 수 있음

About Soho

주소

South of Houston Street, New York City, NY 10022

영업시간

가게마다 상이

가는 법

Spring St & Canal St 역에서 하차(소호 중심가)

함께 방문하면 좋을 곳

Little Italy

- 이탈리아 이민자들이 모여 살아 이탈리아의
  분위기를 느낄 수 있는 곳
- 이탈리아 레스토랑, 델리, 카페 등이 모여 있고
  본토 못지않은 요리를 맛볼 수 있음
- 중심가는 멀버리 스트리트로, 이탈리아 국기
  상징색인 빨강, 초록, 흰색으로 칠해진 간판이나
  건물이 많이 있음
- 6월에 안토니우스 축제, 9월에 산 제나로 축제를
  개최

The sizes that are out are all we have.
▸ 저기에 있는 사이즈가 전부예요.

쇼핑을 할 때 새 제품이 있는지, 다른 사이즈가 있는지 물어보는 경우
있죠? 이때 직원이 이렇게 말할 수 있어요. all we have는 '우리가 가진
전부'라는 의미로 '진열되어 있는 게 전부이다'라는 의미예요! Whatever's
out is all we have(여기 나와 있는 게 전부예요.)라고도 말해요.

Can I try these two on?
▸ 이거 두 개 입어봐도 되나요?

try on은 '옷이나 신발을 입어보다, 신어보다'라는 의미예요. 그래서 Can
I try ~ on 은 '~를 입어봐도 될까요?'라는 표현이에요. 쇼핑 중 입어보고
싶은 옷이 있을 때 이 표현 사용해보세요. 참고로 옷 관련된 여러 동사 중
wear은 옷을 입고 있는 상태를 put on은 옷을 입는 동작을 dress up은
꾸미는 느낌의 뉘앙스를 가지고 있어요.

There is a massive winter sale going on.
▸ 대규모 겨울 세일을 하고 있어요.

There is a sale은 '세일을 하고 있다'라는 표현이에요. '세일을 하고
있나요?'라고 물어볼 땐 Is there a sale?이라고 말할 수 있어요. 세일을
하는 구체적인 대상을 말할 때는 'There is a sale on 물건' 혹은 '물건 is
on sale'이라고 표현할 수 있어요. 참고로 on sale은 '세일 중인'이라는
의미이고, for sale은 '판매 중인'이라는 의미이니 구분해서 알아두세요!

I'd like to exchange this for a larger size.

▸ 이거 더 큰 사이즈로 교환하고 싶어요.

물건을 사고 나서 교환하고 싶을 때 exchange A for B(A를 B로 교환하다)라는 표현을 활용할 수 있어요. B 자리에는 교환하고 싶은 물건을 넣어 말하면 되는데, 위 문장에서는 a larger size(더 큰 사이즈)로 대신했어요.

더 알아두면 좋을 쇼핑 영어 표현 Tip ──────────────✈

▷ Are these shoes on sale?
   이 신발 세일하나요?

▷ How much is the total?
   전부 다 얼마예요?

▷ Can I get a refund?
   환불받을 수 있나요?

Practice ✈

다음 우리말에 맞게 단어를 나열하여 영작해 보세요.
정답을 확인한 다음 여행지에서 내가 쓸 표현을 골라 박스에 체크 표시를 해보세요.

☐ 1. 여기 나와 있는 게 전부예요.
   (we, is, whatever's, all, out, have)

   _____

☐ 2. 이거 두 개 입어봐도 되나요?
   (try, these, on, I, two, can)

   _____

☐ 3. 이거 더 큰 사이즈로 교환하고 싶어요.
   (exchange, like, to, this, for, I'd, a, larger, size)

   _____

☐ 4. 환불받을 수 있나요?
   (a, I, get, can, refund)

   _____

☐ 5. 대규모 겨울 세일을 하고 있어요.
   (massive, is, sale, on, there, a, winter, going)

   _____

NEW YORK

Practice 정답

Unit 1

1. Can I check-in now?
2. What time is the check-out?
3. I'm about to check-in.
4. I made a reservation.
5. I was wondering whether I can do an early check-in.

Unit 2

1. I'm going to go for 8 p.m.
2. I'm trying to confirm my reservation.
3. Can you repeat that again, please?
4. How many are there in your party?
5. I want to book a table for two.

Unit 3

1. I don't know how to get to the Chelsea Market.
2. I want to buy a 5-day pass.
3. Where can I transfer?
4. Which exit do we have to go?
5. I completely made a mistake.

Unit 4

1. Can I see the menu?
2. I'll get the regular size.
3. A coke without ice.
4. Enjoy your meal.
5. Two cheeseburgers to go, please.

Unit 5

1. Is this the line to buy a ticket?
2. Can I pay with a credit card?
3. Can I get a discount?
4. Would you like your receipt?
5. How much is the admission?

Unit 6

1. It's really important to make a reservation.
2. What does the tour include?
3. First come, first served seating.
4. It's not refundable.
5. Does the price include meals?

Unit 7

1. I'd like to make a reservation for tonight at 9 p.m.
2. We haven't decided yet.
3. How long do I have to wait?
4. Is it possible for me to dine in right now?
5. Can I get the bill, please?

Unit 8

1. What is the most popular dish here?
2. What's today's special?
3. Can I get everything bagel, please?
4. Anything else would you like?
5. It takes about 5 minutes.

Unit 9

1. I don't feel like having lobster.
2. Can I add tapioca pearl?
3. Easy on the ice, please.
4. Can I get your name?
5. Can you make it spicier?

Unit 10

1. What kind of cocktails do you have?
2. I'm just going to check out the vibes.
3. Everything's reserved.
4. Can you recommend me a drink?
5. I'll have a glass of wine.

Unit 11

1. Do I have to put my name on the list?
2. Could you clean this up?
3. I think I'm ready to order.
4. Can I get you started with some drinks?
5. I think water should be fine for me.

Unit 12

1. I think I'm almost there.
2. That will be it.
3. My order hasn't come out yet.
4. This is not what I ordered.
5. I can't wait to try this!

Unit 13

1. Can I get this wrapped up?

2. Could we have separate bills?

3. For here or to go?

4. Could I possibly get a receipt, please?

5. Can I get a to-go box for this?

Unit 14

1. Where is the ticket office?

2. Where is the exit?

3. Can I see that corgi beanie?

4. Does this come in a different color?

5. Where is the subway station?

Unit 15

1. I've never visited the Trump Tower before.

2. Can I get a student discount?

3. It's around this time of the year!

4. How much is it for children?

5. Do you offer any discounts for seniors?

Unit 16

1. Where can I find a taxi?

2. I've always wanted to have this.

3. Where can I leave my bag?

4. Is there a restroom nearby?

5. Where can I buy some souvenirs?

Unit 17

1. Could you tell me how to get there?

2. Could you take a picture of me, please?

3. I can confidently say that Times Square is my favorite spot.

4. How long does it take to get there?

5. How far is it from here?

Unit 18

1. Do you want me to film you?

2. Can I get a brochure?

3. What time does the show start?

4. May I take a video?

5. Where is the cloakroom?

Unit 19

1. How long will it take to get there?

2. Do I need a reservation for the tour?

3. This is insane.

4. What time is the departure?

5. What are the business hours?

Unit 20

1. I'm on my way to liberty cruise.

2. Are there any tourist attractions nearby?

3. I have no clue.

4. Welcome aboard!

5. Can you recommend a good restaurant nearby?

Unit 21

1. Can I go there on foot?

2. It's a minute walk.

3. Do you have any recommendations?

4. What size would you like?

5. Could you please call a taxi for me?

Unit 22

1. Do you know where the pamphlet is?

2. Which line should I take to go to the park?

3. All you need to do is scan a QR code.

4. Do you have this in a smaller size?

5. Where should I get off to go to City Hall?

Unit 23

1. Which one takes less time to see?

2. No need to stand in line.

3. It depends on you.

4. Is it possible to charge my phone here?

5. I think I'm lost.

Unit 24

1. I'm looking for a backpack.

2. Do you have both S and XS?

3. May I ask you a question?

4. I was wondering whether you have this item.

5. I'm just browsing.

Unit 25

1. Whatever's out is all we have.

2. Can I try these two on?

3. I'd like to exchange this for a larger size.

4. Can I get a refund?

5. There is a massive winter sale going on.

Travel Journal

Travel Bucket List

버킷 리스트를 채우며 여행 계획을 세워 보세요.

When

Where

With Who

Budget

Must-Visit

Must-Eat

Must-See

Must-Buy

Travel Planner

나만의 여행 코스를 정리해 보세요.

 DAY 1

 DAY 2

 DAY 3

 DAY 4

DAY 5

 DAY 6

DAY 7

Check List

티켓이나 식당 예약 등 미리 챙겨야 할 것들을 적고, 필요한 내용을 메모하세요.

Packing List

여행 가기 전과 여행지에서 돌아오기 전에 체크해 보세요.

☐
☐
☐
☐
☐
☐
☐
☐
☐
☐
☐
☐

☐
☐
☐
☐
☐
☐
☐
☐
☐
☐
☐
☐

DATE

DAY 1

	Today's Plan
6:00	
7:00	
8:00	
9:00	
10:00	
11:00	
12:00	
13:00	
14:00	
15:00	
16:00	
17:00	
18:00	
19:00	
20:00	
21:00	
22:00	
23:00	
24:00	

To Do List

- ☐
- ☐
- ☐
- ☐
- ☐

MEMO

간단히 메모하거나 티켓, 영수증 등을 붙여 보세요.

DAY 2

Today's Plan		
6:00		
7:00		**To Do List**
8:00		☐
9:00		☐
10:00		☐
11:00		☐
12:00		☐
13:00		
14:00		
15:00		
16:00		
17:00		
18:00		
19:00		
20:00		
21:00		
22:00		
23:00		
24:00		

MEMO

간단히 메모하거나 티켓, 영수증 등을 붙여 보세요.

Today's Plan		
6:00		
7:00		**To Do List**
8:00		☐
9:00		☐
10:00		☐
11:00		☐
12:00		☐
13:00		
14:00		
15:00		
16:00		
17:00		
18:00		
19:00		
20:00		
21:00		
22:00		
23:00		
24:00		

MEMO

간단히 메모하거나 티켓, 영수증 등을 붙여 보세요.

DAY 4

Today's Plan	
6:00	
7:00	

To Do List

- [ ]
- [ ]
- [ ]
- [ ]
- [ ]

8:00	
9:00	
10:00	
11:00	
12:00	
13:00	
14:00	
15:00	
16:00	
17:00	
18:00	
19:00	
20:00	
21:00	
22:00	
23:00	
24:00	

MEMO

간단히 메모하거나 티켓, 영수증 등을 붙여 보세요.

DATE

DAY 5

Today's Plan	
6:00	
7:00	**To Do List**
8:00	☐
9:00	☐
10:00	☐
11:00	☐
12:00	☐
13:00	
14:00	
15:00	
16:00	
17:00	
18:00	
19:00	
20:00	
21:00	
22:00	
23:00	
24:00	

MEMO

간단히 메모하거나 티켓, 영수증 등을 붙여 보세요.

Today's Plan

| 6:00 |
| 7:00 |
| 8:00 |
| 9:00 |
| 10:00 |
| 11:00 |
| 12:00 |
| 13:00 |
| 14:00 |
| 15:00 |
| 16:00 |
| 17:00 |
| 18:00 |
| 19:00 |
| 20:00 |
| 21:00 |
| 22:00 |
| 23:00 |
| 24:00 |

To Do List

☐

☐

☐

☐

☐

MEMO

간단히 메모하거나 티켓, 영수증 등을 붙여 보세요.

DAY 7

☀ ⛅ ☁ ☂ ❄ 🌬

Today's Plan	
6:00	
7:00	
8:00	
9:00	
10:00	
11:00	
12:00	
13:00	
14:00	
15:00	
16:00	
17:00	
18:00	
19:00	
20:00	
21:00	
22:00	
23:00	
24:00	

To Do List

- ☐
- ☐
- ☐
- ☐
- ☐

MEMO

간단히 메모하거나 티켓, 영수증 등을 붙여 보세요.

현지 100% 활용 NEW YORK 랜선여행

가장 세련되고 꼭 필요한 정보만 콕콕!
진짜 가이드북 + 영어 학습서

해외 어디를 가도 막힘 없는 '외국어 학습의 시작'